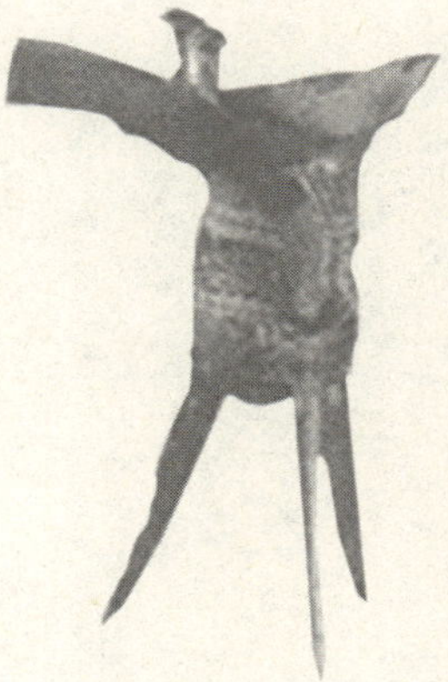

酒汛

jiuxun

纵览中外酒事　透视历史嬗变　解剖人间悲欢　警示沉醉人生

段文华／著

全国百佳出版社·江西人民出版社

/序

这是一部视角独特，具有很强感染力的纪实文学作品。它以“酒”作为叙述元素，以一种俯仰天地古今的内在冲动和感悟，描述了酒与健康，酒与家庭，酒与社会，酒与政治、经济、军事、文化和国家兴亡的内在联系与流变，是一部关于酒文化的百科全书。

酒，是人类社会最为持久、广泛和普遍的一种文化现象，它的诞生几乎与人类的历史同步，它的身影遍及人类社会的每一个角落，贯穿所有的人类社会形态。所以，有人戏谑地说，酒，它恰好与“久”同音，是否意味着古人在给这种神秘而奇妙的液体取名时，就预知了它与人类共生的持久命运？

中国是个有着5000年历史的文明古国，它的文化形态丰富多彩，诸多国粹悠久深远，而酒文化，是其中最为古老且影响深远的文化现象之一。从酿造、储藏、运输、饮用，一直到品鉴、欣赏、赞美、珍爱以及厌恶、憎恨、查抄、封禁……国人对之使用了几乎所有的人类智慧和情感，使得这一文明果实的魅力历久而弥新。酒是物质的，但也渗透了精神的价值，因此可以说，酒是人类物质文明和精神文明的双重创造！

人们为酒写下的文字，汗牛充栋，不胜枚举。但恕笔者浅陋，像《酒汛》这部将人类关于酒文化方面的知识（除去酒的纯物质性特征）全部囊括进来，并贯穿作者的哲学、美学、文化人类学、政治学、心理学、社会学等多方位的追问和思考，兼以诗性的笔墨叙述之、分析之的，笔者还是第一次见到。

酒的产生，本身就是一个遥远而难以追溯的谜，作者钩沉搜罗，将相关的考证、分析和推理一一陈列于我们眼前，具体就有猴子造酒说、巫师通灵说、神话人物创造说、先民无意发现说……酒的诞生颇具神秘色彩，酒的功用和影响更是千姿百态、千奇百怪。酒给人类增添了欢乐、陶醉、灵感和狂欢，使人类平添了不朽的创造力。“人们在认识酒的过程中，留下了许多先哲和当代有识之士的心音与沉思，留下了时代的叹息、历史的警示、文化的行脚……这是寓含禅意的心灵觉醒、醉意产生的思想火花，也是酒文化写在人们记忆中的史诗”。但是，酒给人们带来的沉痛过失和深刻教训，作者也以新的观念和审美取向，给予了深刻的描述。历史上有很多亡国丧生的例子，从夏朝的末代君主夏桀到商朝的商纣王（帝辛），到古代罗马帝国……直至苏联的崩溃瓦解，都有酒的影子在暗中发挥作用。夏桀“为酒池可以运舟”，令三千人作牛饮，多有“醉而溺死者”；商纣王的“酒池肉林”；古罗马帝国的奢侈酒宴；苏联一位学者曾这样说：“酒精夺走了苏联超级强国的地位”“我们所生产的钢虽然居世界第一位，但喝得半醉的我们，却做不出一把好铲子”——这样的悲剧在历史上不断上演，让人不能不疑惑人的理性究竟是否存在?!

健康的酒文化，讲究“礼”，讲究“德”，讲究节制和优雅；颓废的酒文化，则宣扬奢侈，提倡放纵，催生贪婪！人类创造的文明和物质成果，扭曲为“疯狂的盛宴”，如同给自己的脖子套上一条“黄金锁链”。

作者在论证历史的同时，冷峻地直面现实。他把过往的历史警示和现实中与酒相关的利益乱象参照对比，发出了“让我们的民族走出‘猴子悲剧’”的仰天慨叹！体现了一种沉甸甸的历史感和沧桑感，一种涌动着激情的智慧和思考。

这部书的写作特点较为鲜明，采用了近似于电视政论片解说词的手法，将一切精奥思想都蕴含于语言之中。这样做大概是为了更好地抒发作者奔放的激情和沉郁的思辨。它不同于专业学者那种堆砌术语、佶屈聱牙的作品，也不同于文学家单纯的描绘与抒情，既有思想和考据的价值，又有辞采和文华的风韵，让人可一气读完而不觉乏味。

能够获得知识性、思想性的阅读快感，这样的书即是一本成功的书。酒，曾经“轻易地征服了整个世界”，而《酒汛》能否征服你的阅读欲？打开此书，即能验证。

褚兢

2013 年 10 月 2 日于抱朴斋

目录

/引子

酒，是一种奇妙的琼浆，是水的艺术精华，它辉映着人类物质与精神生活的神奇世界，保留了水的血缘又有着火的基因，它是水与火的组合，阴与阳的结晶。

面对这香醇甘洌的美酒，你仿佛是在浏览一幅透明的画卷，欣赏一曲无声的旋律，身心陶醉，超凡脱俗，大有“酒不醉人人自醉”的奇妙美感。

然而，当你举杯痛饮之际，你有没有看见大量的宫殿倒塌之后，大量的湖泊干涸之后，大量的焰火散尽之后，唯有一条酒的长河依然奔流如注，贯通古今，激荡着记忆的血脉……

没有酒，人类也许将大幅度萎缩；没有酒，激情与忧伤也许将难以鼓动与消解；没有酒，也许会减少一些犯罪但也会减少更多的创造；没有酒，也许历史将不堪卒读而不像现在这样每页都在颤抖。

酒本意是一种意境，为了投奔那意境我们才投奔了酒。为了那爆炸式的欢乐，为了在一瞬间超越自己，为了那奇妙的知觉和缥缈的仙意，多少人面对酒杯，显露出赤裸裸的可爱可憎可敬可笑可歌可泣的本性来。马尔库塞费力地争夺“最后的莫希干人”，而酒却轻易地征服了整个世界。

乡村酿酒的作坊；农家造糯米酒的炊烟；乡镇小酒厂，国营大酒厂；直到国外现代化酒厂。

圣马丁小镇，一酒馆内立着一座古雕塑——这是象征希腊神话中的酒神：他左手提着酒桶，右手举着酒杯。袒胸挺肚，面露憨笑。

旋转的舞厅，灯红酒绿的酒吧。

碰杯，杯中的法国葡萄酒，英国的威士忌，德国的啤酒，俄罗斯的伏特加，中国的茅台……泛着泡沫。

面带醉意的各种肤色的男女。

从青藏高原的青稞酒、黄土地的老白干，到欧洲阿尔卑斯山下的啤酒及德国古老名贵的葡萄酒，千百年来流传至今，久盛不衰。那个传说中叫杜康的人已经死了几千年，可他那瓶酒却成了观世音的净瓶，洒上一滴便涌成酒海滔滔。

白色的蒸馏酒，红色的葡萄酒，黄色的压榨酒涓涓流淌，叠印出黄河和海洋的波涛以及1998年抗洪抢险的画面。

这些色彩纷呈的液体，决非晴空雨花，当西方世界都在拉响“禁酒”的警报时，那些含有酒精的液体，却潮水般地向我悠悠华夏涌来。

这不是黄河之浪，也不是长江之水。这是涌动在黄土地上的汹汹酒汛。酒汛正为人们诉说着许许多多关于酒的故事。

第一章

猴子造酒

一颗数万年前的野果，幸运地被栖居深山的猿猴采摘放入“山洼”中，使之自然发酵成“酒”。人类继承了猿猴的创造、发明，并利用酒活捉猿猴，供人欣赏、玩耍和活吃“猴脑”。猴子造了酒又死于酒，其创造力和悲剧性命运，给人类留下耐人寻味的思索。

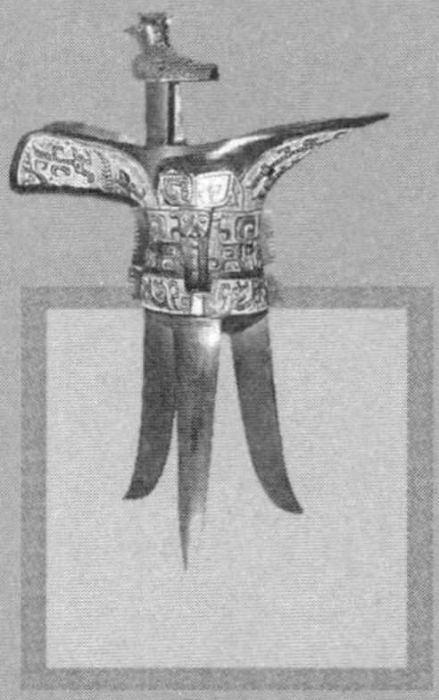

在人类还没有来到这个世界之前,世界上早已有了高山平川,大海汪洋。既有了铺天盖地的花草树木,也有了漫山遍野的走兽飞禽。这时候的世界漫长而且神秘,很多事情至今也说不清楚。但有一点可以肯定:这时的世界既没有增添什么,也没有减少什么。

当人类来到这个世界之后,情形就大不一样了。人的诞生,就意味着这个世界开始了无穷无尽的发明创造。人为世界发明了火种,创造了石器工具,尔后就变得益发地不可收拾。不但为世界发明了火车、轮船,而且为世界增添了航天飞机、原子弹、氢弹……在此很久很久之前,人类还发明了酒。

在非洲东北部,古埃及人很早就能酿造啤酒了。美国考古学家曾在埃及尼罗河畔发掘到一个酿酒作坊和四个酒缸。对缸内的黑色物体进行分析后得知,这个缸是酿啤酒用的,已有 5400 多年历史,不过当时的啤酒不放啤酒花。786 年,德国的一个修士在酿造啤酒时加入了啤酒花,使啤酒口感得到改善。1480 年,德国酿酒师发明的“底部发酵法”使啤酒质量大幅度提高,家庭啤酒作坊开始兴起。1830 年前后,不少德国酿酒师走向各地,将啤酒工艺传播到世界。

感谢上帝!许多久远年代的文物,从时间的捕杀中逃脱出来,躺在今日的阳光下,为往昔的秘密提供证据。

有史料表明:巴比伦人早在公元前 2800 年前,饮用啤酒就已像我们今天喝百事可乐一样普遍。但西方各国主要的谷物酒,如威士忌、伏特加等,一直是用麦芽加酵母的方法酿造。直到 19 世纪 90 年代,法国人卡尔迈特从我国的酒曲中,分离出糖化力强并能起酒化作用的霉菌株,用在酒精生产上,名曰“阿米诺法”后,才突破了西方酿酒的糖化剂非用麦芽不可的状况。由此看来,中国的酿酒技术自有绝招,并遥遥领先于世界。

法国作为近代以来世界葡萄酒的中心,在造酒史上的地位不容小觑,但现代考古学指出,法国并非葡萄酒的起源地,意大利才是葡萄酒的“老家”。美国最近的一项研究结果,描绘出公元前 525 年左右大批葡萄酒从意大利运往法兰西的盛况，而法国造酒业也开端于此。

酒的溯源无法查清，却争相酿制于世界各地。其在人类生活中的广泛性、漫延性、普及性、迅速性最见人类共有的喜怒哀乐情怀。它是那不知名的神送给人类的最好的投入与解脱的方式。人们陶醉其中，把最深不可测的忧伤和最漫无边际的喜悦毫无保留地交出，并且从中得到那些同样没有保留的回应与馈赠。

随着大地间暗藏过的一切秘密不断公之于世，中国酒文化的历史，最早可以追溯到9000年前的裴李岗文化时期之前。由麦戈文领导的研究小组从中国河南省舞阳贾湖村新石器时代遗址收集到16件“用于盛一种由稻米、蜂蜜和某种果实做成的长时间酿造的饮料”的陶器。这些陶器虽是历史的碎片，却是我们窥知祖先的一个孔道。它告诉我们，其年代大概在公元前7000年前后，距今已有9000多年历史。这比最早有酿酒实物证明的古中东时代要早得多。待到5000年前的龙山文化时期，在河南、山东一带已出现了用黑陶制作的各式酒器，如樽、杯、缶等。到了商代，酒已成为了一种主要的饮料，当时贮酒、运酒、饮酒的器具已有20多种，制曲酿酒已很普及。这就说明不但酿酒，而且还包括喝酒的文化也得到了蓬勃的发展。

到了春秋战国，饮酒无论在朝在野，在北方在南方，都已相当普遍了。《礼记》《左传》《楚辞》都提到过酒。《礼记》云：“宾主百拜，终日饮酒，而不得醉焉。”终日饮酒而不许醉，可见那时的酒是很薄的，比现在绍兴黄酒的酒精度还要低得多。

酒，是一种有灵魂的液体，是藏在水里的火。它比起冷峻的冰，过于热烈；比起缥缈的雾，过于实在；比起谦卑的雪，过于高傲。这液体的火焰，透明的魔鬼，为人类写下了多少欢欣、激昂的乐章，也留下了不少沉郁、悲凉的哀歌。它既给人们带来失意的痛苦，又带来了成功的欢乐。

在牙买加,有一种用甘蔗汁发酵、蒸馏而成的酒,叫朗姆酒,是世界上消费量最多的酒种之一,以牙买加、古巴生产的朗姆酒最有名。朗姆酒是一种带有浪漫色彩的酒,很多具有冒险精神的人,都喜欢喝朗姆酒,所以朗姆酒有“海盗之酒”的称誉。

对于被誉为“梦中情人”的葡萄酒,法国化学家古多华曾做过这样的描述:“葡萄酒反映了人类文明史上的许多东西。它向我们展示了宗教、宇宙、自然、肉体和生命,这是涉及生与死、性、美学、社会和政治的百科全书。”

捷克是世界上啤酒消费大国,年人均消费量在160升以上,名列世界前茅。捷克产的比尔森、百威等多种啤酒品牌,长期以来名闻遐迩,畅销世界各地。

民间酒坊流传着一句行话:粬为酒之骨,粮为酒之肉,水为酒之血,窖为酒之魂。

酒里,记录着历史的秘密。1961年,在伦敦,一瓶珍藏了421年的斯泰因葡萄酒被启开了。著名的葡萄酒历史学家休·约翰逊是这样描述当时情景的:“我从来没有亲眼看见过这样的事实,原来葡萄酒的确是有生命的。这瓶外观类似马德拉葡萄酒的棕色液体,仍蕴含着数百年前的活力和炽热的阳光。……它在我们酒杯中绽放出最后的瑰丽……”这是时间的魔法,岁月的沉淀。

一切都与昨天有关,一切更与今天有关。20世纪80年代,贵州茅台酒厂清旧厂基时,发现了两瓶陈年酒窖里最古老的茅台酒,其中一瓶送给了邓小平,一瓶送给了胡耀邦。胡耀邦舍不得喝,转送给爱酒胜命的棋王聂卫平。胡耀邦去世后,有人闻讯出价一百万元要买这瓶酒。聂卫平说:天下有价,此酒无价。

酒,确实是无价的,它不是一般的产品,而是为着高贵的心灵而生的。酒滋润了人类的生活,丰富了人类的情感。一杯美酒,可以让人觉得神清气爽,很多环节被打通一般,有一种创造的快感和欣慰,正如富兰克林所说的那样,好的葡萄酒证明了上帝希望我们幸福。

莎士比亚《暴风雨》里的卡力班,那个象征原始人的怪物,初尝酒味,觉得妙不可言，以为把酒给他喝的人是自天而降，以为酒是甘露琼浆，不是人间所有。

一瓶酒，从酒窖到尘世，是不可能一下子被理解的。它的美在于它的含蓄，在于平淡中的非凡，安静中的躁动。它的魅力，是给人以回味。当你举起酒杯，你可以喝得悠长而绵远、宁静而单纯，仿佛骑上了一匹温顺的马，溜达在往昔岁月的落花小径之中，这自然是酒的妙处。它会在一定的时刻，把我们从现实生活当中超拔开去，带入另外的时空，邂逅另外的景象，不断激起或新或旧的热情。酒是凡人和上帝之间的使者，它度化凡人转凡成圣，天堂也许是空空荡荡的，然而天堂毕竟是天堂，幻景漂亮得美不胜收。

不知来路，我们将去意徊徨。这神秘仿佛包裹着人类心魂的酒，是哪位不朽的奇人发明的呢？

日本国立民族学博物馆教授吉田集而撰文指出：日本酒的起源应当与世界其他地区酒的起源联系起来考察。酒起源于巫术，因巫师与神灵沟通而发展起来的。最初，酒是幻觉剂的代用品之一，世界各地都可以找到酒与幻觉剂并用的事例。

吉田集而认为：酒产生于世界四个地方，即大约一万年前的西亚、墨西哥、阿根廷北部和西伯利亚东部。这些地区的游牧民有的利用越橘和蛇莓之类的浆果酿酒，有的利用忍冬的树皮酿酒。此外，他们还利用毒蘑菇制作幻觉剂。阿伊努族人利用猕猴桃、野葡萄和墨山楂酿酒。

据考证，中国的酒，其实是来自西伯利亚东部。在旧石器时代，中国北方的游牧民已有了野果自然发酵酿酒的知识。而这种有意识地将野果贮存起来发酵成的酒，可以说是最原始的酒。进入新石器时代（距今约八千年左右）后，畜牧业逐渐发展起来，人们有了吃不完的兽奶。这些含糖的兽奶受到自然界中酵母菌等微生物的作用，发酵成酒。《周礼》一书中提到的“醴酪”，即用乳酿制的酒，这大概是中国有文字记录的较古老的酒了。

这种古老的酒，演化为如今蒙古族人喝的马奶酒，它是蒙古同胞的创造，而白酒，则是走西口的山西人带进去的。

古代希腊和中国作为欧亚大陆两端的伟大文明古国，在古代也早有接触。希腊人与葡萄、葡萄酒有着悠远的、深厚文化情节。据斯特拉波的记载，希腊人把先进的葡萄栽培法和葡萄酒酿造法带入西亚和中亚。公元前139年，张骞奉汉武帝之命，出使西域，见大月氏人统治下的大夏（巴克特里亚）有“蒲陶酒”（蒲陶即葡萄），他带回了蒲陶酒。“蒲陶”一词，有学者认为是来自希腊语。另据美国麦戈文教授一项研究发现：中国商朝古酒中存在一些古老的草药（譬如蒿属的艾草）。这种风俗不只在中国、埃及等古国有记载，在古代欧洲同样存在。他说：“古希腊和罗马时，不少药剂师都会在处方里开点酒，尤其是带有草药和松脂成分的酒。”

毫无疑问，酒不是某一个人的发明，它最早应为上天赐予人类的最好礼物，是大自然在果粮飘香时的无意之为。无人惊扰的粮食、浆果，经历了阳光、雨水、风霜的浸染，散发出岁月酝酿的味道。人们终为其芬芳所诱，为其散香所引，啜之、饮之，最终不能放弃，而人为酿之。

这就告诉我们，酒是从自然状态中跃出空桑，君临大地的。可在各民族关于酒的神话传说中，发现酒的人大都是妇女。怒族传说中的酒是仙人赐的，其膜拜的仙人，是女性形象的钟乳石；景颇族的酒，是人类始祖宁贯杜的母亲乳汁所化……而汉族却流传着杜康造酒的传说：相传在几千年前的周朝，有一位牧羊人叫杜康，以竹筒装小米粥充饮。一次，他把粥筒挂在树杈上，竟忘半月余，待取饮之，醇香扑鼻，甘甜味美，米粥已发酵为酒。自此，他弃牧酿酒，成为酒的最早发明者。然而，史书《世本》《战国策》中却记载着“仪狄始作酒醪”；还有所谓“天有酒星，酒之作也”，即认为是天上酒星开始酿造的。

这些动人的文献记载和古老的神话传说，深深嵌刻在人们的文化传统与社会习惯中，世代传习，凸显了酒与人类起源和文化传承的密切关系，它为我们注入的激情和能量，足够在我们胸中建设一个精神家园。那么，到底是谁发明了酒？历代文人学者，不断进行探索、考证。

请听学者的不同意见：

陈中原：我不赞成仪狄造酒之说，说仪狄造酒其根据是一本叫《世本》的书。书上说，"仪狄始作酒醪"。仪狄是什么人？古籍上比较一致的说法是夏禹的一个臣属。西汉人刘向编订的《战国策》中，有这么一记载："昔者，帝女令仪狄作酒而美，进之禹，禹饮而甘之，遂疏仪狄而绝旨酒。"这是我们见到的关于仪狄作酒的较详细的记载。但并没有明确说仪狄"始"作酒。东汉人许慎在他撰写的《说文解字》"酒"条中，也只记载了"古作仪狄作酒醪，禹尝之而美"的话。《世本》这部书的年代和撰写者，都不很清楚，原书约在宋代就散佚了，今天只有清代人的辑本。所以很多学者并不相信"仪狄始作酒醪"的说法。特别是古籍中还有一些否定仪狄"始"作酒的记载。例如《黄帝内经》中提到黄帝与医家岐伯讨论"汤液醪醴"的事；还有的书上说神农时代就有酒了，或者说帝尧、帝舜时代就有酒了。神农、黄帝、帝尧、帝舜都早于夏禹，可见说"仪狄始作酒"是值得怀疑的。

刘乾民：关于酒的发明者是谁，流传最广的要算"杜康造酒说"了。杜康是什么时代的人？是什么人？众说纷纭，莫衷一是，远比仪狄复杂得多。关于他是什么时代的人，一说是黄帝时代的人，一说是夏禹时代的人；一说是周朝或东周时代的人，还有说是汉朝时代的人。黄帝与汉代相距2800多年，怎么也扯不到一起，所以宋朝人高承在《事物纪原》一书中带着疑惑的口气说："不知杜康何世人也。"那么杜康又是什么人呢？《说文解字》中说，"少康杜康也。"少康，是夏禹的儿子，乃建立我国第一个朝代——夏朝的第五世君王，少康就是杜康，那杜康就是个君王了。西晋人张华撰写的《博物志》一书中说，杜康是汉朝时的酒泉太守，这一观点没见其他古籍有具体说明，所以杜康造酒说也是不成立的。

以上观点并非今天的新看法，也曾有古人对仪狄、杜康造酒说持有怀疑态度，晋人江统的"不由奇方"论，破除了酿酒的神秘色彩，他在所著的《酒诰》一文中，认为酒在远古的时候就有了，酿酒方法的创造发明，不可能由某一个人完成；他从“有饭不尽，委之空桑，郁积成味，久蓄气芳”这一生活事实中，断定酒“本出于此，不由奇方”。

历史留给我们的文字少而玄。历史的真相未必都能形诸文字，从事实出发的诚意，动摇着我们承袭来的传统价值体系，提醒我们独立思考，重新考证历史的真伪。显然，要摆脱被传统的话语霸权所摆布的命运，必须具有高远的眼光、怀疑的勇气和熟悉史料的职业素养，其中，怀疑的勇气是至关重要的。它可以使我们争取到被剥夺了的机会，去接近那个真实而巨大的整体，寻找事物本身的内在逻辑。从而释解历史留给我们的疑团。

山林里，几只行动敏捷的猴子，在枝干间攀援飞跃。这些聪明、敏捷的猿猴，无忧无虑地生活在大自然的怀抱之中。它们在峭壁悬崖间啼啭、跳跃，奏出一支欢悦、明亮、溢满活力的生命的晨曲。

一座假山，铁栅围住，几只小猴惊异地望着栅栏外。

这群活泼自由的猴子懵了，何来的灭顶之灾，怎么陷入在这铁笼之中，怎么会没有一点征兆？毫无疑问，它们是被人们生擒活捉而来。要把这伶俐的猴子生擒活捉，谈何容易？在科技发展的今天，我们有一支麻醉枪也许就足以达到目的，而在古代，赤手空拳的先民们又是怎样将这些猴子活捉的呢？

站在新的视角上，透过历史幽深的洞孔，了解我们的来路或许能找到答案。

这是一本书中记述的场面：一山道口，摆着几缸又香又甜的美酒。一老公猴闻香而来，在缸边徘徊，踌躇不前。一群猴子来到缸边，那只老公猴看来经不住香味的诱惑，慢慢地把酒放在嘴里试了试。老公猴叫着，群猴跟着试着，随即开怀畅饮。得意的猴子，在酒缸前跳跃狂欢。那只公猴有点摇摇晃晃，行动不便，随即瘫成一堆泥，群猴也大都瘫倒，动弹不得。

用酒活捉猴子，不仅古时中国，就是今天的泰国、马来西亚山里人还是这样做。甚至力大无穷的大猩猩也因为禁不住酒的诱惑而眼巴巴地束手就擒。

云南大山里，一群猎人将醉倒的猴子捉住。

非洲丛林中。一只大猩猩摇晃了几下，醉倒了。潜伏在林中的几个汉子窜上前来，将瘫倒的猩猩捆住。

猴子为什么会这样的好酒贪酒？因为酒原来是猴子的发明酿造。人类不过是以其人之道，还治其人之身罢了。

擒住的猴子被关在铁笼中。几个汉子大笑着。

猿猴会造酒，这种说法听起来近乎荒唐，恐怕每个人听后都会付之一哂。然而，世界许多事物中，往往掩藏着重大的细节，我们忽略的事物远比我们知道的事物更多。你看，这是史书《清稗类钞·粤西偶记》中一段确确实实的记载：

粤西平乐等府，山中多猿，善采百花酿酒。樵子入山，得其巢穴者，其酒多至数石。饮之，香美异常。名曰猿酒。

《紫桃轩杂缀·莲栊夜话》中，也有类似的记载：

黄山多猿猴，春夏采杂花果于石洼中，酝酿成酒，香气溢发，闻数百步。

这些记载似乎都说得很肯定。那么，猿猴到底可不可能采“花果”酝酿成酒呢？

大概每个人都会在日常生活中遇到这种现象，吃不完的水果，比方桃子、梨子、葡萄等等，放在那里，时间一长，慢慢地“霉烂”了，散发出一股酒味，这主要是一种微生物——酵母菌的“功劳”。酵母菌,能分解糖类产生酒精和二氧化碳等。

莽莽远古,人类的童年,无依无靠,孤立无援。猿居深山老林中,完全有可能遇到成熟后坠落经发酵而带有酒味的果子。食后酣香。于是产生兴趣,将果子采下放在山洞里、悬崖上、枯树边、小溪旁的“石洼中”,让它自然发酵后再享用,这就是原始的酒。

诚然,猿猴的这种“造酒”,只能说是“带有酒味的野果”,与人类“酿酒”有质的不同。但我们谁又能否认,我们最早的酒不是来自人类的祖先——猿猴呢?

一群猴子在喝酒。

喝酒后的猴子跳跃着,欢腾着。

乐极生悲。猴子造了酒,又偏偏死于酒,其创造和悲剧都是巨大的。你看:因贪酒被人们捉来的猴子关进了公园里的铁笼,一群游客正向铁笼中的猴子抛掷食物,猴子争相抢夺。这些失去自由的猴子,只能永远待在铁笼里,供人欣赏,任人嬉戏。

贪婪,使猴子的悲剧一再重演。被活捉来的猴子往往被人们用来玩耍——表演猴戏。中国的耍猴之乡为安徽的利辛和河南的新野,两县相距不是太远,都属淮河流域,尤其是新野,耍猴走出了国界,在东南亚颇具名声。耍猴戏的舞台一般都在城乡的一块空地上,一个耍猴人牵着一只猴子,一边敲着小锣,一边吆喝着。猴子听到锣响和吆喝,自己过去打开戏箱,拿出面具戴上,或官或民,或男或女,或文或武,或稳步上台或扭扭捏捏,或手舞棍棒或提枪耍刀,无不惟妙惟肖,憨态可掬,让人捧腹大笑。猴仿人,人笑猴,却有了另一层滑稽和悲哀。

贪酒的猴子还有着更为悲惨的结局:在广东某集市的一酒店,一只猴子被活动枷桌卡住脖子。一汉子用剃刀剃去猴子头上的毛发,可怜的猴子知道人要吃“猴脑”,泪流满面,但最终难逃活命,被那汉子用铁棒将猴脑敲开。猴子脑汁流出，几个“美食家”用汤匙吃着猴脑。

发生在猴子身上的故事，让人感到惊心动魄的悲哀。它深刻地揭示了人类祖先创造力和悲剧性命运之间的矛盾统一关系。它的含义几乎可以涵盖整个人类历史。

那么，人类是否可以走出猴子的悲剧呢？我们中华民族的每一颗有血性、灵性、悟性的心，再也不能回避对猴子命运的反思了！

第二章

文化长韵

酒，没有语言和文字，可当它诞生后，便形成了一种文化，让人类除了劳动、睡觉、繁衍外，还知道了“醉”。有了醉，就有了诗歌，有了对生命和万物的崇拜，有了节日与胜利的狂欢。同时，还有了酒诰、酒礼、酒令以及酒楼、酒吧、酒坊、酒旗、酒器……它走进皇宫大典，又融入民间风情，延绵几千年仍占据我们的视觉、听觉、触觉、味觉和一切感觉所掌控的情绪和内心。

前边提及的酿酒必需的酒曲，早在公元前11世纪便由我们聪明的祖先发明了。所谓酒曲，就是能起酒化作用的霉菌株的微生物运用。酒曲的发明与应用，是世界化学史上的创举。由此可以确认，中华民族是最早应用微生物技术的民族。外国学者认为，这应与指南针、火药、造纸术、印刷术四大发明并列一起，成为中华民族的“五大发明”。

酒的发明有如原子弹的发明一样，是很值得人类骄傲和自豪的。当它横空出世，其具有诱惑的香气，便紧紧地把人类拴住了，自然地进入了人们生活的各个领域，它不仅改变了水的形态，而且从根本上改变了人们的饮食习惯，改变了人的生存状态。从此，人类除了劳动、睡觉、繁衍，还知道了“醉”。

讲绝对精神的黑格尔，认为绝对精神发自东方的中国，然后传到印度，传到希腊、英国、法国，最后才到德国。中国的文化传统，无疑是相当悠久而古老的。尤其是中国美酒更是源远流长。酒，这颗净洁的太阳，普照华夏漫漫历史，熏陶中华古老文化。

酒文化，有广义和狭义之分。广义的酒文化蕴含丰富，自成体系。那几千年不断改进和提高的酿酒技术和工艺，历代王朝、政府为酒的酿造和销售所制定的法律制度，尤其是不同地域和民族多姿多彩的酒礼酒俗，浸泡着一部韵味悠长的、辉煌的酒的“史记”。

在中国，南部的繁华，北部的苍凉，常常造成许多事物“南柔北刚”的现象。北方的宽疆阔土常与战争有关，与悲壮有关，连酒也一样。高原人好喝酒。再苦再穷，大碗的酒，大块的肉，总是生活中不可缺少的内容。

豪爽的酒令，粗犷的酒歌，剽悍的酒风，形成一种无实利目的的生命倾泻。

酒如伊甸园的禁果，人的有关嗜欲一旦开启，本身即构成“文化力量”。这大地之精华酿就的琼浆玉液，能使你淳绵，能使你敦厚，能使你豪放，能使你刚勇，能使你真诚。让人在微醺的意境里神游，恍恍然欲仙，飘飘然如梦，人与人、人与自然的距离缩短了；看那赤裸裸的天、赤裸裸的地、赤裸裸的太阳、赤裸裸的河流，吞吐着怎样无限的大美和无穷的意蕴！这就是“醉”。

有了“醉”，就有了诗歌，有了舞蹈，有了对生命和万物的崇拜，有了节日的狂欢。

虽然古今中外人们的社会历史文化背景不同，但饮酒却似乎成了各民族人民的共同特征，它像一束鲜花装点着人类的生活。祷告祭祀、婚丧庆典、亲朋会宴、受任饯行、节日自饮，无不飘溢着酒的醇香。

这是史书上记载的中美阿兹特克文明时代的灌肠酒。远古时期，人类的祖先利用灌肠器将酒灌入体内，不一会就会酩酊大醉，其喝酒的目的是让灵魂升天。

在澳大利亚，当一年一度的雨季到来之前，即草木争荣、动物交尾时节，许多原始部落都要举行一次颇为隆重的“繁殖礼”。

古代的先民们聚集在一个特定的祭地，以人类最原始、最纯朴的虔诚，向天地顶礼膜拜。

这种祭祀、祷告活动，用现代语言来说，就是请神喝酒，敬神、媚神、贿神，其精神背景是一致的，那就是对生命的虔诚，对拓展生命外延的渴望，对生命的不舍追问，人是卑微的，对上天有着一种诚惶诚恐的敬畏，先民们为了与虎狼的搏杀而寻求上苍的保佑，给生命注入一份虔诚，他们把酒洒向苍天，泼入大地，口诵咒歌，伏地磕头，以祭拜式的感动来酬谢上天赐予的幸福。

祭坛的出现，与史前人类在露天环境下祭拜自然神的活动密切相关。当时，人们为了吸引神明的注意，让神明听清自己的话语，使自己的祈愿可以穿透广漠的空间达于神明，遂选择自然界中的山丘、高岗等与上天接近的地方构筑祭坛，通过酒，将人与天、人与神，神奇地交融在一起。如今，一切的历史都为时间所掩埋，后人在高山之巅发现的许多祭坛，如位于凌源、建平交界处的牛河梁神庙遗址等，充满着种种神秘的暗示，很能体现当时天真烂漫的宗教观念。

祭坛，是人借助酒与宇宙最早的联系方式。它的功用也由最早祈祷一次狩猎的成功而转向某种形而上的膜拜。当现实格局的挤压，总是迫使人就范时，人们便试图将探求的目光由个人内心转向更广阔的空间。

民间认为万物皆有神，若有扰神之事，如立房建屋，修桥铺路，就要置办酒席，在即将动工的地方，祭拜山神和地神，完成内心的祈祷。

这种几千年沿袭下来的观念，使人们不自觉地把自己所不能理解与无法驾驭的自然体或自然力加以人格化，认为它们本身具有生命和意志而进行膜拜，并在长期发展中逐渐习俗化和神秘化。丽江地区的纳西族，各村寨都有固定的祭天场，其间每块石头，每根树枝都是神的化身，不得随意触动。

这是凉山彝族祭送“风湿鬼”的仪式——“丝尔寄”。人们通过巫师，用酒沟通现实与神灵幻化世界之间的关系，以达到驱邪送鬼的目的。这种巫术用酒，成了少数民族文化又一奇异景观。各个民族所构建的鬼魂世界如同人间，各式各样的鬼魂悉同其民，将酒视为最好的饮品。巫师利用甘甜的酒味，浓郁的酒香诱使其离开，并将酒的这种功能引入心理的观念中，对神的意志心领神会，生发出以酒配合巫术的手段，用芳香的酒，对神的意志予以落实。

综览古籍中有关祭祀的经文，许多少数民族经典的开篇之作，大都是“献酒经”“敬酒辞”之类。可见，各民族所创造并顶礼膜拜的诸神祇一如其民，也喜酒，也好酒，甚至也有嗜酒如命的神祇。没有酒，不知众神会闹出怎样的恶作剧！

酒在原始宗教的母腹中孕育、躁动、诞生。今天，某些国家仍把喝酒作为一种神圣的宗教仪式。危地马拉的印第安人相信，醉酒更能接近上帝，因此，在做礼拜时，教堂四周经常可见倒地不起与上帝梦中相见的醉汉。

先民的这种宗教祭祀活动，逐渐演化为盛大的农事祈福、驱瘟除恶、消灾许愿等古老习俗，并融入民间传统节日的内容。中秋夜，汉族先民都要举行供月和拜月仪式，用酒敬谢日月星辰。数千年的酒文化，将月亮拭擦得如水明净，如玉皎洁。

中国，是一个有五千年文明的古国，且南北一切均有分化。南柔北刚，南绿北旷，南属娇媚，北属豪迈，南有花香鸟语，北有大漠孤烟，南部多水，北部少雨，一湿一干，洇出不一样的风情与景致，沉淀出不同的民间风俗。节日饮酒更多地受到风俗民情的渗透，体现出不同地域社会的传统文化与风情，生生不息流传下来。

贵州关岭苗寨。苗族人民手端陶碗，共喝“合心酒”，欢度“砍火星节”。

这是云南临沧，华南地区拉祜族村民，正在搭新桥、祭祀、饮酒畅谈、串寨歌唱——这是每年农历四月二日的“搭桥节”。

汉族农家的除夕之夜，万家团圆，共享天伦之乐。轰天的鞭炮烟火，将把人们送入吉祥的又一年。

情浓最是团圆时。在世界各民族中，也许没有哪个民族比我们中华民族更注重团圆了。一年一度的除夕“团圆饭”，都是在高举酒杯的祝福中完成的。团圆、祝福；祝福、团圆，多少中国人在风霜里，在烽火下，在骨肉离散中，为这一梦想揉进了辛酸与涕泪。

在藏家的土屋里，面馍和羊排放在炭火中烘烤，旁边有砧板和饭桌，赭红色与黄色为基调，喝酒唱歌中，锅庄舞就产生了。这是一支深沉的飘溢着酒韵的歌，这是一曲模拟人生步履踏响的舞步，牧民的日子大多过得比较淡泊，但喝起酒来，生活中的那种沉重感、拘谨感都得到了暂时的解脱。他们在酒中读着自己，自唱自饮，共同品味生活里的苦涩甘甜。一切随性而发，手舞足蹈，不需要导演，激情和酒就是导演。

在许多少数民族中，人与人之间的交往一般是不可无酒的。拜访以酒为礼，迎客以酒为敬，致谢以酒示情，消仇以酒示诚。礼尚往来之“礼”，集中表现在酒上,酒成了人际关系的黏合剂。

蒙古包内,充满着温馨的氛围,几个人席地而坐,正在有滋有味,又有声有色地喝着酒。这是朋友相聚的宴会,姑娘们又献哈达,又唱蒙古族的祝酒歌。酒都盛在大碗里,酒歌随喝随唱,在这些美妙的酒歌里,得到的是世界上最纯洁的情感,客人被这淳朴的民风熏得飘飘然了,被这浓烈的酒歌煨得暖暖的了。

在西南、西北许多地方,从古代遗留下一种独特的饮酒方式:饮咂酒。在喜庆日子或招待宾客时,抬出一坛酒,人们围坐四周,每人手握一根竹管或芦管,斜插酒坛,从中吸吮酒汁,每坛人数可多达七八人,气氛十分热烈。这种咂酒,白马人整整一个民族都在喝它。这种酒对客人来讲是热情的载体,也是温柔的杀手,它太低的酒精度,会让你完全解除戒备,最后才现出作为酒的本来面目。那种喝酒场面所引起的大笑声和哄闹声,有时使人觉得有点像胡闹。

酒,就是让人胡闹的理由,胡闹就是梦幻的再现。我们的生活,正因为总是在追求正确、正常和规范而找不到预想中的欢乐、甜媚、真诚和感谢,只有胡闹和梦幻,才让我们感到生活的真实可信。

在人生历程的各个阶段性仪式中,少数民族把酒当作一种标志,用以象征人的生命从一个阶段步入另一个阶段。酒伴随着人们走过出生、婚嫁、生儿育女、死亡的各个阶段。尤其在婚宴上,可以上无高堂、下无宾客,但不可以无酒!满族人在举行婚礼前后的“谢亲酒”,结婚时的“交杯酒”;达斡尔族的“接风酒”和“出门酒”以及订婚仪式的“会亲酒”,婚后第二天夫妻回新娘家的“回门酒”等等,酒都是必不可少之物。从而使这种“酒”文化有了一种最世俗的力量。

在浙江绍兴,一个女孩子出生时,必特地另酿一坛酒,贮藏起来,以便她将来出嫁的时候,嫁妆中可以至少有一坛二十年陈酿的美酒。“花雕”之名称即由此而得,因为这种坛子的外面,都是雕着花的。

酒,承载着世界各民族不同的社会意蕴与文化风尚。古希腊有个神话:相爱的男女要想愿望实现，就要斟满美酒，虔诚许下愿望，相互碰杯，一饮而下，然后把酒杯投入火堆，一声脆响，愿望得以实现。故苏格兰迈肯基爵士有句名言："爱情绝对不是令地球旋转的动力，唯有威士忌才能促使这个世界旋转如飞。"

匈牙利人新年不用禽类下酒，因为鸡鸭等有翅膀，怕幸福随酒飞走；法国人迷信，如果年夜时家里酒瓶中有剩酒，来年会交厄运。因此，这天法国人往往喝得酩酊大醉。

奥地利——音乐大师海顿、莫扎特的故乡，农民将新酿的葡萄酒端上了桌，举行庆祝，让他们的"初生婴儿"接受洗礼。村民喝着酒，挽起手臂歌唱，把人们的身心激荡得那么兴奋，又那么舒坦。

近几年来，捷克许多大城市都要举办啤酒节。2013 年为期 17 天的第六届布拉格啤酒节于 6 月 4 日落下帷幕。啤酒节期间，虽然阴雨连绵，但仍有 10 万市民和世界各地游客慕名而来，在此开怀畅饮，期间，游客可品尝到 70 多种捷克著名啤酒。

在慕尼黑，十月欢乐的啤酒节。特雷西亚草坪广场搭起了巨大的啤酒大蓬，点缀着五彩缤纷的气球、彩旗和货摊。酒厂的高头大马拉着盛满啤酒的木桶在人群中驰过。广场，西方建筑的核心意象，它作为一个人人可以驻足的空间，暗示着机会的均等。广场取消了身份的重要性，使成千上万身份各异的人们汇集到一起，陶醉在一起，醉得忘记了身份和性别，忘记了昨天和明天。

人人需要兴奋，需要刺激，需要狂欢，需要未来和梦想。欢欣的醇酒自该共享，何况在这既精彩又无奈的世界。

啤酒节，让人们自我放纵变成群体公约，宾客已被感染得醉意陶然，人们充满了自我表演的疯狂欲望。在这里，不存在醉与没醉的界限。啤酒节的最高魅力，就是让没醉的人也显得醉态可掬。

酒，含有神秘的麻痹作用，所以能令人感觉异样的舒快。它治疗了中国人头痛和心痛的毛病，宽解了不少中国人的灵性，当内心遭受痛苦时，酒替中国人的灵魂准备了一条安全的退路和一服止痛剂。酒后的诗，因其浪漫而救济了中国文学之陷于歌颂圣德、道学说教之无意义的堆砌。很多优美的或稍有价值可读的中国文学，能舒快地愉悦人类心灵的都深染着酒气。

是的，酒本身就是诗，它已经超越了兵器，也超越了战争、政治和历史，最终定格为一种令人心旌摇荡的雄浑之美。这种美，演变成一种艺术，一种文化，在诗书画中飘香，在音乐中流淌，在舞蹈中飞扬。

尤其在我国传统绘画及特有的艺术形式书法中，历代大家通过酒，把大自然的物象纳入笔端，与生命合而为一，将生命对自然的竭求转化成笔底风光。唐朝大书法家张旭，酒后用自己的头发蘸上墨汁，“挥毫落纸如云烟”，被人们冠以“狂草大师”，唐玄宗封他为“三绝”之一。画圣吴道子，作画前必酣饮大醉方可动笔，他酒后作画，有一种“酒水痴山写大千”的气势；“元代四大家”中的黄公望，“酒不醉不能画”。他常乘着醉意，将其艺术表达上升至“神似的高度”；醉僧怀素，正是酒醉泼墨，才留下其神鬼皆惊的《自叙帖》……众多艺术家把酒临风，让思想情感插上翅膀，在天上人间自由翱翔，他们将山水之乐寓之于酒，在酒中获得人的心性开启和境界升华。

可以说，以酒满足精神需求，是人类社会各民族中普遍存在的文化现象。14 世纪中叶，禁欲主义的阴云笼罩着欧洲。啤酒首当其冲，被禁欲主义者视为“祸首”，面临着自它诞生以来最严重的生存危机。然而，德国人已迷上了啤酒。于是，斗争从德国开始了，接着蔓延到整个欧洲。百年来宗教对人性的压抑终于像火山一样爆发了。“理性”与“非理性”的联盟和“神性”的宗教展开了殊死搏斗。虽不敢说是“啤酒”点燃了文艺复兴的燎原之火，但“啤酒战争”首先冲破了禁欲主义的禁锢，为艺术的发展争得了一隙空间。啤酒滋养了文艺复兴时期灿若繁星的艺术家们，为他们的创作提供了不竭的灵感源泉，啤酒杯中盛开的是艺术之花。

有酒有诗有生活，便有醉，这是生活的必然。

苏格兰18世纪伟大诗人彭斯称威士忌为“诗神”。其名言是“自由与威士忌同在”。

然而在中国古代，酒是不能与自由同在的。按照治国安邦的儒家学说观点，饮酒者要有德行，讲究“酒德”，不能像商纣王那样“颠覆厥德，荒湛于酒”。《尚书·酒诰》中规定“饮惟祀”，即只有在祭祀时才能饮酒；“无彝酒”，即不能经常饮酒，以节约粮食；“执群饮”，即禁止民众聚众饮酒；“禁沉湎”，即禁止饮酒过度。儒家认为，用酒祭祀敬神，养老奉宾，是为德行。

饮酒作为一种饮食文化，在远古就形成了一套礼节。这种礼仪约有四步：拜、祭、啐、卒爵。就是先做出拜的动作，表示敬意，接着把酒洒一点在地上，祭谢大地生养之恩，然后品尝酒味，并加以赞扬，令主人高兴，最后仰头而尽。

到了西周，酒礼的规定更加严格具体，形成“时、序、数、令”之礼；时，就是严格掌握饮酒时间，只有天子、诸侯在加冕、婚丧、祭祀或其他喜庆大典时才可饮酒；序，必须严格遵守等级秩序，按天、地、鬼（祖）、神、长、幼、尊、卑的秩序来饮酒；数，就是严格控制饮酒数量，每次不超过三爵；令，必须服从酒官的指挥。否则即是违礼。

酒礼，成了历代统治者自觉用来维护统治，保护特权的武器，出现了“无礼仪不成酒，有酒之会、无礼不行”的奇特景观。明太祖朱元璋曾下令：居官之人在宗教及家庭便宴上可按长幼之礼饮酒，在正式宴席上则要执行尊卑之礼，居官之人在亲戚宗族中即使辈分低、年纪轻，也要坐在长辈、长者的上席。

极重血缘关系的中国文化，天然地重视长幼之年，长辈对晚辈拥有无限的权力。可在酒宴上则要服从于尊卑之礼。这种辨贵贱、明亲疏、别父子、识远近、知上下的过程，就是把个人固定在礼治秩序上的过程，即取消和压抑个性、尊严与主体自由的过程，酒神精神在这里已难寻踪迹。

在漫长的历史过程中，酒礼已形成了一种观念，一种行为和现象，渗透于社会各个层面。尽管李逵在深山大碗喝酒、动辄要“杀了贪官，夺了鸟位”；莫言《红高粱》中的酿酒汉子，光着膀子痛快淋漓地喝，有人甚至还往酒缸里撒尿，但在民间这些看似“无礼”的饮酒方式中，仍然不难发现他们对长者和领袖人物的遵从，对某种仪式的默契……酒礼，已渗入了人们的血液，只不过他们没有意识到罢了。

酒令也是中华民族独特的文化现象。人们以酒为号，从中发明了不少种借以劝客饮酒的游戏，成为佐酒助兴、活跃宴席气氛的重要手段。它使文化入于酒，是酒中的文化。早在两千多年前的春秋战国时代，酒令就已在宴席上得到应用，当时最为流行的酒令形式是“投壶”，《礼记》中写有《投壶》专章。三国名士邯郸淳的《投壶赋》，精彩地描绘了当时的盛况。魏晋时期则推崇“流觞曲水”的酒令形式。那时的文人雅士沿袭古风，整日饮酒作乐，纵情山水，清谈老庄，游心翰墨，作“流觞曲水”之举。这种“阳春白雪”的高雅酒令，不同凡响，最著名的一次，当数东晋永和九年三月三日的兰亭修禊大会。“书圣”王羲之与当朝名士 41 人会于会稽山阴之兰亭，排遣感伤，直抒襟怀，诗篇荟萃成集，由王羲之醉笔游龙，写下了名传千古的《兰亭集序》。至南北朝时期，除“流觞曲水”外，由之演化而来的“吟诗应和”更为文人墨客所喜爱，流行较盛。“唐人饮酒必为令为佐欢”，其酒令盛行的是“藏钩”、“射覆”等形式。唐代诗人李商隐就极精此道。明清两朝流行的酒令当推“拧酒令儿”(即转不倒翁)。酒令，按其形式可分为雅令、通令和筹令，内容十分丰富。许多流传下来的中国古代小说，都忠实地记录了每次盛大酒席上所赋的各种联句诗和酒令。《红楼梦》第四十回详尽地叙述了贾母设宴大观园，陪同者遍行酒令的场面。

以文字为游戏的酒令，内容丰富，种类多至不能胜计，构成了五彩缤纷的酒令大观。诗歌、投壶、射箭、字词、花鸟、谜语、对联、笑话、范语、人名游戏、猜拳等等，都在它的包容之中，犹如一种口令游戏的集汇。

中国人,尤其是文人艺术化的人生态度,将一切技术变成艺术,使一切无关紧要的生活琐事变得意趣盎然,这种人生态度在酒文化中表现得尤为突出。兴起之初本为实用的酒令,越来越有了艺术的功能,文人酒令可说彻头彻尾地艺术化了。你听,那高低快慢的喊声,顿挫抑扬的韵调,如音乐中的节拍一般。还有些人在上下喊声中间插入一种似音乐过门一样的句子,为他们的饮酒增添了许多有声有色的诗歌的氛围。也许,酒令本身就是绝妙的诗,是酒徒祖先们集体创作、率真吟哦而又传诸后代的不朽杰作。它不但风格多样,而且各具才情,让人叹为观止。

酒令包含着宽泛的文化性和浪漫的娱乐性,是一种典型的中国特色的智力游戏。它让人感到不是专在喝酒,而是在寻欢作乐。因此,饮者以半醉为上,其情趣正如陶渊明之弹无弦的琴。尤其赢拳时的自豪与输拳时的沮丧,其实质绝不亚于任何一场心灵的角逐。这种猜拳行令并不只是盲目的胡猜,双方必须用尽心机以能胜对方为荣。因此,酒令一出,容不得你深作腹稿,它是斗学识、斗才思、斗机敏、斗智巧、斗应变,而不是斗俗、斗牛、斗气、斗狠。其中的快乐,即在这种竞争精神当中。也许,中国人只有在这个时候,方露出他的天生性格和完备的道德,若不是在饮酒之时找些乐趣,则什么地方可以寻找到乐趣呢?酒令,使之在酒文化中显示出魅力四射的精华,成为中华民族文化中自成体系的一朵奇葩。它虽是游戏,却不是儿戏。

古时行酒令,首先要公推一人为令官,亦称酒监、酒吏,违令者或依令该饮者都要饮酒。在那种特定的场合,他们是颇具权威的。《汉书》中记载,朱虚侯刘章入侍燕饮,吕后令他为酒吏。章自请曰:“臣,将种也,请得以军法行酒。”吕后表示同意。酒酣,诸吕中有人犯了酒令,刘章拔剑斩之。太后与左右见状,大惊。但既已许其执行军法,也没办法加罪于他,只好罢宴而已。可见酒令的严肃性。

清人俞敦培的《酒令丛钞》,把酒令分为古令、雅令、通令、筹令四类;今人何权衡等编著的《古今酒令大观》又把酒令分为诗令、词令、花鸟虫鱼令、骰令、拳令、通令、筹令七类;而蒋雁峰的《中国酒文化研究》则把酒令分为大众酒令、文人酒令和劝酒令三大类。不管如何分类,酒令的实用性、趣味性自不待言,没有它,酒宴将不成其为酒宴。因为,好饮之人所注重的不过是情趣而已。

酒,成了人类的宠物。西方有则故事:某塾师好酒,饮必醉,因此没有生徒,潦倒困顿。有人好意规劝他说:"你的学问很好,只要你肯戒酒,一定可以收到许多生徒。"那塾师回答道:"我所以收生徒教书,就是为要饮酒。不饮酒,我又何必收生徒呢?"多么有性情的幽默。是的,没有幽默滋润的国民,其文化必日趋虚伪,生活必日趋欺诈,思想必日趋迂腐,文学必日趋干枯,而人的心灵必日趋顽固。

德国是个有幽默感的民族。相传,他们原始的啤酒是由女性酿造的,传说中的女武神酿造出来的啤酒被视为"不死之水"。女子出嫁时会带着不同的酿酒器具到夫家。因此,德国的男人说:"我们的女人都是醋坛子,还没有到丈夫家,就担心自已的男人去与上帝约会。"于是,人们开始大量饮用啤酒。

酒,有助于铸造民族精神。在奥地利西部,有一家创建于1610年、名叫"特鲁默"的啤酒厂。1800年11月,拿破仑军队路过此地,一把火烧了这家酒厂的一部分。1971年5月21日,一场大火将全村夷为平地,酒厂也未能幸免。1945年二战结束前夕,酒厂成了美军指挥所。然而,经营酒厂的西格尔家族从不言弃,一次次从废墟上重新站起。该家族第八代传人说,我们酿造啤酒,不是为了生存,而是出于对啤酒的酷爱。正是这种"酷爱",激励着人们在跌倒时站起来,在前进时做得更好。

这种精神,不仅孕育了奥地利源远流长的啤酒文化,而且给人类带来了创造,带来了文明。据说,在设计美国国旗时,先后设计了无数方案都不满意。有一次,设计师喝着啤酒,看见气泡像星星一样飞溅而出,从而触发了灵感,设计出了星条旗。

20世纪60年代，美国物理学家格拉泽，为搞一项试验，经历多次失败。后来在喝啤酒时，从啤酒出现的气泡得到启示，设计了一种“气泡室”，用来探测粒子运动的轨迹，从而发现了一些新的粒子。而另一位物理学家威尔逊则从啤酒开盖时产生联想，完成了人们认为简直不可能进行的微观相态涨落的计算。从而揭开了物质临界现象之谜，建立了有关相变的基础理论。这两位物理学家都先后因此荣获了诺贝尔物理学奖。

有人说，酒文化是一种品位。而品味中包含有酒产品的香型定位、包装装潢、市场营销战略、文化传播功能及高品、高价、高质等方面的内容。当然，其中酒的品质是最为重要的。谁都知道，酒质取决于水，取决于用料，取决于工艺，取决于时间，取决于储藏，取决于文化的辉映……总之，酒质最终定位取决于诸多的客观条件和主观条件，各个条件中又取决于诸多细小甚至细节性因素。世界各地都有酒，但香传百里，香传千年的酒并不多。中国茅台、法国干邑葡萄酒、奥地利啤酒、德国黑啤、人头马、马爹利是世界酒文化的骄傲。

酒需酝酿，人性情的真实留白需要酝酿。酒品见人品，越是酝酿得长，越见其品质。酒质如人品，是曲折与崎岖之后美丽的呈现与绽放。酿酒似酿艺，酿造中奉行“天地同酿，人间共生”的企业哲学。扬名的酒如历经沧桑的人，被岁月精心雕琢，内在的品质是天地与时间在经历上的独造，经过许多道工序在不同的环境中进行不同锻造，成为自我的拥有，谁也学不去，拿不走。

几百年来，奥地利啤酒一直按《纯净戒律》的要求酿造，不使用任何添加剂。《纯净戒律》是巴伐利亚国王威廉四世于1516年颁布的，规定生产啤酒只能用大麦、水、啤酒花，以保证啤酒的质量。这是人类历史上最早的、至今仍然有效的食品法。他们对传统的尊重，使其生产的啤酒能够在全球数千种啤酒的竞争中脱颖而出，成为“欧洲明星啤酒”和“世界金奖啤酒”。

是的，谁最终把握酿酒的精魂，谁最后真正了解酒文化，谁就能酿出最好的酒。

吸纳了天地灵气的各类名酒，从古飘今，从近飘远，它适应人们的需求，进入越来越宽的流通领域，成了一种商品，成了贸易的宠儿。酒的贸易跟世界历史上不同国家的崛起是一致的。公元1100年左右，新英格兰将朗姆酒运到非洲，把奴隶运到美洲，再把糖蜜运回新英格兰。这么一个建立殖民地、捕获奴隶、集聚资本的过程，充满了经济和政治意味。如今威士忌已是英国经济永远不垮的一颗恒星。那些高雅、魅力十足的玻璃瓶所赚取的外汇收入，一直高于航海业、航空业和纺织等行业，且经久不衰。

在地中海岸边的港口遗址中，麦戈文考古小组发掘商船的遗迹，他告诉人们，那些船中装满了塞着木塞的细耳鹅颈瓶，估计也都装着葡萄酒，这表明那时（约公元前525年左右）有大量的葡萄酒从伊特鲁利亚运往法兰西。在我国，从汉代起就有酒榷之说，以后各代因之，都是课税以裕国帑。

酒，不仅是餐桌上的佳品，而且也是互赠友情的重要符号。作为一种馈赠礼物，酒有着悠久的历史和富于特色的文化意蕴。1998年7月，美国总统克林顿访华，我国将古越龙山花雕酒，作为国礼馈赠给克林顿一行。1982年9月，邓小平曾将古越龙山加饭酒作为礼物赠送给美国前总统尼克松，而在1992年，钓鱼台国宾馆也曾将绍兴黄酒作为国礼赠送给了日本明仁天皇。

毫无疑问，酒作为一种媒介，在增进人类友谊和文化交流上可谓功不可灭。日本首相田中角荣当年访问中国时，意味深长地品尝了杜康酒，情不自禁地赞美“杜康”的品质。

这种品质来自于自然，超越自然，血脉中永远有着自然的禀赋。它进入饮酒者的肠胃，以自己的方式提醒他们要亲近自然，敬畏自然。

是的，酒作为真诚、祝福、尊重、珍贵……表达情绪的形象代言，出现在悲欢离合各个场合。一切情绪的对立与屏障，随酒在肺腑中闯荡。常说人生百态，可酒却将百态人生在酒中延伸，走向一种更为自由与自我的状态，化为万千心绪，或忧、或喜、或激、或抑、或美、或丑……

20世纪二三十年代，苏州城有一家叫“元大昌”的正宗苏绍酒店，二楼设有雅座，上楼便可享受锡壶上酒，客人的一壶酒饮尽后，便可将锡壶“砰”地一下掼在地上，算是对店伙的招呼，店伙听到响声，便跑上楼来，从地板上捡起酒壶再去添酒。人们一直以为吴越风气太软，太温柔，没想到在这家酒店居然也可以饮得这般放肆任性、掷地有声，简直是铁骨铮铮、威风凛凛了。

在每一个破旧的、崭新的城市，在美国西部滚滚黄沙中，在伦敦阴暗的街角，在绍兴潮湿的咸亨小店，在电子吉他盖过说话声的北京三里屯，那些风格各异的酒吧、酒馆，以及中国辽阔绵延不绝的乡野酒坊，无不充满着传奇色彩。它们不仅接纳了寂寞的、落难的、自由的灵魂，同时也接纳了诗，慰藉和滋润了那感应天地、吐纳万物的东方神韵……

曼谷湄南河畔有一座世界一流的高级酒楼，“东方酒店”几个大字，在夜幕中显得分外耀眼。东方酒店是泰国的骄傲，这个酒店的服务质量一直位于世界之首，它是世界五家最著名的酒店之一，其富丽堂皇达到了可以想象的完美无瑕的地步，被人们称为“理想中的东方乐园”。

奥地利这家宽大的，椭圆形木板门的酒庄，最有摄魂力的不是美酒玫瑰，而是辽远的意象。酒庄起源于法语，原意是中世纪为了防范敌人入侵而修建的城堡。后来随着时间推移和酒的发展，就被用来泛指那些专营葡萄酒的庄园。一个与战争相关的场所，居然演变成一个浪漫之地。在这种超常规的转变中，时间和酒究竟起什么作用？一粒紫色的精灵，从播种、成长、采摘一直到酿成葡萄酒，进入餐桌，这样一个过程让人充满遐想。

在这里，酒外化为风情万种的极致之“美”。位于阿拉伯联合酋长国首都阿布达比，有一座耗资30亿美元的酋长皇宫酒店，是全球唯一一座八星级酒楼。有旅客形容，这一富丽堂皇的酒店，简直是“酋长宫殿，国王行宫”，整个建筑几乎没有一个细节不透露出这里的贵族气息,其内部面积达 24.282 万平方米。酒店内有多条迷宫似的回廊,有的回廊长达 1 公里,并有一种隐形的通道存在于它们之间,为顾客提供进入各种年代的入口——可能一个无意的转身,就会使我们跌落到几百年前的某一个时刻里去。

正是酒,孕育了恢宏瑰丽、气象万千的酒文化。在捷克的布拉格,有一座纪念哈谢克的酒馆。哈谢克是《好兵帅克》的作者,他和卡夫卡几乎同时出生又同时去世。卡夫卡以认真的变形来感受荒谬,哈谢克则以佯傻的幽默来捣乱荒谬。这样一个互补结构出现于同一座城市。从而使这一酒馆成为世界文学中最引人注目的地标。

匈牙利布达佩斯东北一百多公里,有个叫埃盖尔的小城,那里有两个五百年前的遗物,一是抗击土耳其人的古城堡;二是至今还没有废弃的大酒窖。这个地下大酒窖,全长 15 公里,里面是一排排绵延无际的酒桶,酒桶标有年号,贮存着一批特殊年代的酒中珍品。那上面有遥远时代的语言,里面蕴含着古人的体温。现仅启用了 3 公里,尚未启用的有 12 公里。这块多灾多难的土地下,竟然秘藏着如此醉意。裴多菲和纳吉的热血都没有改变它的恒温,就连两次世界大战都没有干扰它的酣梦。那保存的是一种何等沉静而强大的高贵!

一个地方找不到文化图像,也就找不到精神家园的前门后门。当然,随之也就找不到在文化意义上回归和出发的地点。海德堡,是德国最大的古城堡,里面有一个世界上最大的酒桶,叫卡尔·路德维希酒桶,安放在城堡中心广场西边一座碉堡形的建筑中。酒桶卧放,高 7 米,长 8.2 米,站在地上仰视就像面对一座小山。酒桶下端有阀门,是取酒的所在,而装酒却要通过两边 40 多级的木梯,直达顶部。据记载,酒桶可容纳葡萄酒 20 多万升,如此巨大的贮酒量,即便城堡里的人都是海量酒仙,天天喝得烂醉,也能够喝上几十年。城堡举行宴会时,如果宾客众多,一天就能喝掉 2000 多升,人人烂醉,等醒了之后再把酒桶加满。当年,城堡远近有许多葡萄园,都是为酿酒提供原料。监狱般的城堡虽然无比枯燥，却有那么多美酒，枯燥也就变成了安逸。城堡的主人把这种安逸无数倍地放大，于是造出这个巨大的酒桶来许诺：任你封锁千日，围城数载，你们围住的只是一种醇冽的享受！

也许，这个城堡的主人曾遭受过枯竭的恐惧，因此以一种夸张的方式来表达对未来危机的隐忧。然而，安逸是不安全的。十七世纪后期，这个看起来坚不可摧的城堡，居然被法国人攻入，一个很重要的原因就是城堡的守卫者都喝醉了。

如今，这个酒桶成了德国旅游的一个文化景点。但确切地说，它更像历史老人深沉的警喻。

世界各地的酒馆、酒楼、酒窖、酒堡，以自身特有的文化氛围，展示着各自社会的历史风情，而这些酒馆、酒楼、酒吧的招牌，尤其是中国古代的酒旗，无疑是最富于想象和精彩的一笔。

“酒旗”，亦称酒望、酒帘、青旗、锦旆。《韩非子》记载，“宋人有沽酒者……悬帜甚高。”“帜”，就是酒旗。后世人称：“酒市有旗，始见于此。”由此可知，早在2000多年前，我国人民就知道利用酒旗这一特殊广告形式来传播商品信息了。古代酒旗还有个重要作用，就是它的升与降，标志着店家有酒或无酒；营业或不营业。当然，社会发展到今天，“水村山郭酒旗风”的景致已经看不到了，取而代之的极富时代特色的各式灯箱、霓虹灯、电子显示屏等新型酒楼招牌：希尔顿酒店、天虹酒家、锦沧方华大酒店、菡茜酒家、“太白遗风”酒店、伊甸园酒馆、朦胧酒吧……

这些形形色色的酒广告、酒招牌，是城市街头文化的“脸”。千百年来，它凝聚着酒的变迁，把那微妙心情与酒馆特殊性能恰到好处地联系在一起。既向人们揭示了它内部的幽默，又使人获得了一块展示艺术才华的空间，成了招揽顾客的绝妙手段。

在偏僻的岛国爱尔兰，都柏林的市中心并不热闹，而狭窄的街道里却有很多挂着“新浪”招牌的酒吧。年轻人天天晚上挤在这里喝酒、跳舞，他们在畅饮时创作和演奏的现代派音乐，在世界各地都有知音。由此这个地方的青春生态显得如此前卫，文化艺术如此新锐！

在这里，酒不仅寄存个体的灵魂，也流泻生命的血潮，不论地位，不论名声，醉了的官员没架子，醉了的百姓无高低，人与人之间的等级差异得到了缓解。老爷可以同他的仆人开粗俗的玩笑，行政长官可以同酒馆女侍调谑，谈生意的商贾也可以借用酒津津有味地成交。

在这里，酒又变得如此的庄重森严。一些西方国家，法庭曾在酒馆里开庭；走私者曾在酒馆密谋；罪犯曾在酒馆被绞死。

酒馆还曾被用作音乐厅、辩论场所或猎艳者的约会地点；许多酒馆与教堂为邻，甚至曾被临时用作教堂，一度改成监狱，酒馆因酒变得无奇不有，酒使酒馆变成了大千世界。

1794 年 10 月 25 日，大英帝国全盛时期发生的一件事：英国贵族爱德华·拉赛尔公爵曾邀请 6000 位客人在自己家中举办了一个大型宴会。他将院中的喷水池洗刷干净代替酒具，将 25 桶(240 升一桶)的白兰地倒入池内，外加白糖 590 千克，柠檬 25000 个，调兑成鸡尾酒，以此款待 6000 来宾。据说，狂饮的客人，一个不剩全部醉倒了。

鸡尾酒蕴含着叛逆性。当年的法国青年在商业文明的产物下，出现了一种虚无主义的文化潮流，整个社会处于一种耽溺于瞬间快感的失落时代。鸡尾酒打破了过去一向强调尊贵与奢华的贵族式葡萄酒文化中犹如皇室般一成不变的传统礼法，开创出自我风格强烈的鸡尾酒王国。正是因为这些蛰伏已久的反叛因子，在追求刺激的感官世界下，不断冒险、尝新，而创造出一杯杯色彩鲜丽、口感变化多端的鸡尾酒。

一滴水，一滴叫作“酒”的水，具有一种摄人心魂的力量。它穿越了大多的时光，渐渐成为一种文化符号，被赋予了更多的情感意义与价值依托。它既可以聚集万人，喝得轰轰烈烈；也可以一己独酌，喝得悠长而神秘。酒入愁肠，愁上添愁；酒入情怀，如火如荼。酒取于水之精、物之髓，是至情至性之物，饮酒也就成了至情至性的情感运动。如果你心中欢乐，酒使你的欢乐弥漫出来，让欢乐达到不可收拾的程度；如果你心中悲苦，酒使你悲苦愈浓郁，仿佛天下苍生，唯己为最；如果你渴望创造，酒便遣万物于笔端，并提供那妙不可言的灵机一刻；如果你对谁恨之入骨，酒便在你心中燃烧，要么使你掷杯而起，手刃仇敌，要么使你稳如泰山，心里却嚼碎对方，暗中狠过一通“嗜血复仇”的瘾……

总之，酒让你内心情感翻倍，大幅度地扩张自我；酒是阴柔的、绵软的、物质的、形而下的、无形无色的，一旦与人结合，它又变成阳刚的、火辣的、精神的、形而上的、有形有质的……因此，一个“醉”字，差不多就是一个缩写的世界，一种浓郁的诗意！

古希腊弥漫着酒神精神，从而写下了大篇令后世沉醉的历史，让我们至今仍可嗅到千年前的醉意，依稀望见那伟大的创造力，只嗟叹无由进入那种境界。

是啊，人就是酒。生命就是一盅美酒，创造就是一盅美酒，身心就是一尊有形有质的酒器。可何时，人们才能牢记猴子的悲剧，以猴为鉴，不醉而常醒？可以借助酒的魔力，随时进入奇妙境界？可以看见一片落叶飘摇，看见一滴露珠闪烁，甚至一缕阳光落身，一缕音乐入耳，让世界都霎时进入如醉状态？

第三章
友好之敌

人们对酒的认识有许多误区。当人们把酒当作“亲密朋友”时，许多人并不知道，那些被人们津津乐道的美酒佳话背后，隐藏着众多惨苦的灾难，多少人把自己的名字提前刻在了墓碑上，全世界每年因酒致病、死亡人数触目惊心。过量地饮酒，就像凶恶的敌人一样在默然中残害着我们的肌体和生命，不由分说地撕碎了人们煞费苦心的美丽构想，把人们不愿接受的一个个悲剧当作礼物，猝不及防地塞进我们的怀里。

翻开人类的历史，人们可以发现人类做过太多太多连自己都始料不及的事情；发明过许多许多连自己都认识不清的东西。

酒，也许正是其中之一。

你看这杯中之酒，多么晶莹剔透，不染一丝杂色，任何一个看见它的人，都将会说，哪怕用一只眼睛，也能够“一目了然”！

云雾缥缈的庐山。

这是庐山，闻名遐迩，巍然屹立。万里长江在这里做了它一条很长很宽的银色飘带。

你看它终日里云缠雾锁，让人怎么也看不清它本来的面目。曾对鄱阳湖上一座微不足道的石钟山都认真考察过的苏东坡学士，也不能不感叹“不识庐山真面目”了。

庐山让人不识真貌，是因为笼罩庐山的茫茫云海。

在晶莹剔透的酒的四周，是绝对没有云海苍茫的。然而，我们很难说我们人类对酒有了真正的认识。

世间万事万物中，最容易一目了然的东西，往往是最不容易真正认识的东西。

黄山日出景象。

太阳的光辉呈简单的白色。但是当人们认识到它本由五色谱组成这一事实时，进入文明史之后的人类，也花费了整整七八千年的光阴。由此，我们能说至今已十分准确地认识了酒么？

传说，古代罗马帝国时代严禁妇女饮酒。男子外出归来，常常要检查一下妻子有没有饮酒，便凑到她嘴边闻一闻。这样沿袭下来，便成了夫妇见面时第一道礼节——接吻。

这个传说确实充满着浪漫色彩。自古以来，多少故事都和酒脱不掉干系。

人类创造了酒，酒又反过来创造了人类。它成了最容易为人们所接受的理智麻醉剂。古代中医认为，郁愤者可以借酒浇愁，懦弱者能够仗酒“壮胆”。因为酒的气是很彪悍的。酒到了胃里，它的气就往上走，肝胆就横起来了。这时候的人，胆子就特别壮。

中国文化的最高境界不总是超凡脱俗，而是存在于世俗的日常生活当中。世界万事万物的存在状态都有两个极，或为阴阳，或为高低，或为大小，或为利弊等等。对于一个具体事物而言，通常处在两个极端之间的某一个点上，保持稳定的“度”。中国人以酒来求得阴阳的和谐和五行生克之间的均衡，不能不说是一种智慧。

酒，既可排解人们心中的郁结，又能焕发生命风采，给人以灵魂超越的感觉。酒在中药里是好东西，每天饮适量的酒，可以通行经脉，促进血液循环，可以养脾扶肝，厚肠胃，御风寒，还可以除湿散风，补肾养心，让人在享受口福的同时收获健康。

在西方发达国家，保健、养生是在工业革命以后才逐步发展并被上流社会所重视的。而在中国，以酒养生保健有着久远的传统。早在春秋战国时的《黄帝内经》等古代医学著作中就记载了用酒配药治疗风厥胸痹、腹中血气刺痛、赤带下、虐疾的方法；李时珍的《本草纲目》还专列有酒、烧酒、葡萄酒等五项计一千多个药酒的处方，治疗范围涉及内、外、妇、儿、五官等各科。尤其是《北史》中记载的一种产自古代西亚和东非一带、名叫“没药”的药物，入酒后具有神奇的疗效。耶稣被钉上十字架时，国外古籍有“拿没药调和的酒给耶稣，他却不受”的记载。西方这种极其重要的药物，跋涉千里，在中国被奇妙使用，不但成了中国医药的经典良药，而且走出所谓的殿堂，飞入寻常百姓之家。

酒与药物的结合是饮酒养生的一大进步。现代医药发展至今，尚未找到一种口服对人体无毒的有机溶剂,来取代酒对药材中有效药理成分萃取的功能。

当今医学也揭示:适度的饮酒可以刺激消化腺体的分泌,促进消化,使皮下毛细血管扩张,行气活血、舒通筋骨,增强局部组织的御寒能力;还可以温调经脉、散寒止痛和兴奋神经、缓解疲劳。

丹麦科学家的一项研究表明,适度饮酒能降低患心脏病的风险,但酒精看起来“重男轻女”,男子似乎更能享受到适度饮酒带来的好处。

酒可保健养生与治疗疾病,并非只有白酒具有这种功效,葡萄酒和啤酒同样对人类健康有着不可忽视的作用。

法国是全世界消耗红酒最多的国家,同时也是消耗红肉非常多的国家。但是法国人遭受动脉与心脏病的比率,比起饮食习惯相近的美国或其他西方国家,却是相对的低,许多人都能够长命百岁。这一矛盾事实,被冠以“法国矛盾”一词,并被医学界视为一个谜。

近几年来,法国科学家通过了大量的研究发现,葡萄酒能促进健康和长寿,其原因是葡萄酒可以有效地清除自由基,从而延缓衰老。

美国《医学论坛报》报道,红葡萄酒可以通过减缓动脉壁上胆固醇的堆积而保护心脏,在预防心血管病方面有重要的功效。同时可促进新陈代谢,清除氧自由基,营养皮肤组织,从而起到美容养颜作用,使女士们的皮肤更娇嫩,更具生命力。

美国科学家于2007年8月31日发表的一份研究报告显示,每天喝一两杯红酒能帮助男性减少患前列腺癌的风险,减少妇女血液中的炎症物质和患血管炎症的概率。而英国科学家发现,从红葡萄酒中提取出的抗氧化物质白藜芦醇有助于保护眼部血管,缓解大脑中的血栓,使大脑损伤的危险减低40%,加速中风患者康复。

美国大学“胃肠病学”学会的一份研究报告指出,通过对1700多名结肠、直肠癌筛检,证明红葡萄酒可降低患大肠癌的风险。以色列一项研究表明,红肉脂肪在消化的过程中会产生一些致癌物质，而红葡萄酒中的抗氧化剂，可以中和红肉中的致癌物质。

丹麦科学家研究发现，适量饮用红葡萄酒的65岁以上老人，由于脑受损而导致各类痴呆症的风险降低了一半。这份报告是在对1709名65岁以上老人长达15年的跟踪观察后得出的结论。科学家猜测，原因是葡萄酒中含有的类黄酮素能有效地“摧毁”有害大脑的物质。

此外，还有研究报告称，葡萄酒中含有的氨基酸、蛋白质、多种维生素，都是人体不可少的营养素，可以直接被人体吸收，提高肌体免疫功能。

被称为“液体面包”的啤酒，营养更是十分丰富。据测定，啤酒中含有17种氨基酸，其中包括8种人体“必需氨基酸”。啤酒的发热量较高，1升12度啤酒可产热量425大卡，相当于250克面包。1922年7月1日，在墨西哥召开的世界营养食品会议上，啤酒被正式列为营养食品。

哈佛大学的研究人员发现，饮用适量的啤酒有助于防止脑血栓形成，预防缺血性脑中风；而美国另一项研究表明，适量饮啤酒对大脑有益，可让妇女获得更好的认知能力。美研究人员认为，啤酒中的黄豆苷元和染料木黄铜复合物，是预防骨质疏松的幕后英雄。啤酒中所含的原硅酸，能对骨骼提供硅元素，对强壮人体骨骼大有益处。

日本德岛大学研究生院的研究小组在2012年9月美国《公共科学图书馆·综合卷》上发表报告说，他们通过实验发现，啤酒原料啤酒花中含有丰富的异戊烯基黄酮类化合物，这种物质有遏制肌肉萎缩的作用；而德国科学家的一项研究则发现啤酒花中含有抗癌物质……

酒是一把双刃剑，有好的一面，也有坏的一面。饮酒的好处关键在于“适度”。只有运化适度，人生方能出彩。可如何控制这个“度”，是古今关于饮酒利害之争的焦点。真理向前迈进一步便是谬误。人类的悲剧，其实离自己仅仅一寸之遥。文明的伤心处,不在于与蒙昧和野蛮搏斗中伤痕累累,而在于把蒙昧和野蛮错看成文明。过度的饮酒给多少人带来灾难,而多少人又把酒看成是亲密的朋友。正是这个朋友,在默然中残害着我们。酒,真可谓人类“友好的敌人”。

2002年,世界卫生组织的年度报告指出,酒精引起的疾病和死亡远比以前想象的要多,并第一次对世界范围内的主要健康危险因素进行了排序,在前10位的健康危险因素中,饮酒被列为第五位,发展中国家列第一位,可见其危害的严重性。2012年4月20日《生命时报》发布一则信息称:全世界每年有180万人因喝酒而死亡。其中美国每年有近8万人因酗酒丧命,年损失超2000亿美元。

在我国北方游牧民族,人们有大块吃肉、大碗饮酒的习惯。这里气候干燥,冬季漫长而寒冷。面对凛冽的寒风,喝酒便成了御寒的方式。以致男人、女人、小孩都能喝酒,并且酒量大。可这里成年男女身上大都有疾。医生说,他们身上的许多疾病都与喝酒有直接关系。

酒,总有许多细节掩藏在人们的想象之外,挑战我们业已形成的常识。2011年春天的一个夜晚,某单位一名姓艾的科长陪客喝酒住在宾馆。第二天上午,当人们在宾馆的房间里发现他时,他的生命之火已经熄灭,永远长眠不再醒来。

余科长是因醉酒诱发心血管病而死亡的,他只活到了一个做梦的年龄。醉酒,实际是乙醇中毒。这种中毒慢性的可以导致心跳加速、血管硬化、动脉硬化,导致脑供血不足,大脑功能衰弱。同时刺激胃,破坏黏膜,造成胃溃疡,并引发癌变;急性乙醇中毒,可使人中枢神经麻痹或心脏停搏,可诱发高血压病人心肌梗死、脑血管破裂等,直接威胁人的生命。

据东北网哈尔滨2012年3月22日电,仅20日这一天,哈尔滨市“120”急救中心和第一医院就转运、收治了 3 名因酗酒丧命的男子，其中年龄最小的只有 31 岁。

有数据显示，1987 年，我国因酒精中毒诱发心血管病而死亡的人数高达 57 万，如今早已远远超过这个数量了。可见，超度饮酒对人的肌体危害有多大。

这是 2011 年 12 月冬至之夜，一年中最长的一夜。南昌在江淮流域寒流控制下，显得格外寒冷。冷空气无处宣泄，在这个钢筋水泥筑成的城堡上空飘来荡去。

几辆救护车拉响了警报，从街道上驶过。

警报！——一周以来，该市从各大医院获悉已发生多起因饮酒引起的酒精中毒事故，其中深度中毒事故三起。

据有着 20 多年急诊临床经验的南昌大学一附院急诊科主任医师张慧利说，每年春节前后增加最明显的是酒精中毒患者，比平时增加 4 成左右，烂醉如泥的病人一天比一天多。几乎每年年底都有因醉酒引起的悲剧。

疯狂的酗酒，爆炸的宴席，令一切喝酒的或不喝酒的惊叹不已。有报道称："酒精中毒已经成为当今世界范围内的第一公害。"

人类是自然界中唯一残害自己的生灵。据 2012 年世界卫生组织统计，中国每年直接因酒精中毒而死亡的人数超过 11 万，是这个"第一公害"的最大受害群体；与中国相邻的日本，因酗酒而引起的急性酒精中毒患者也不断增加。有历史数据显示，1989 年仅东京就有 7461 人因急性酒精中毒而丧生，其中妇女 2112 人，比 1988 年增加 1807 人；2008 年，日本因酗酒导致患上脑中风、癌症以及受伤的患者共计 246000 人，直接导致死亡的有 35000 人。另据路透社 2013 年 1 月 8 日报道，美国疾病控制与预防中心称，美国八分之一的女性酗酒，每年有 1.2 万女性因酒丧命。

2006 年 3 月 20 日《江西日报》记者柳易江报道：近 10 年，我国的酒依赖患病率上升了 3.7 倍，人们每年消耗的酒量相当于一个西湖的水量；我国是世界乙肝病毒感染者最多的国家，比例高达 10%，占世界的三分之一。某保健中心曾对 500 多名经常进入宾馆、酒店者进行体检，发现 70% 以上的人患有脂肪肝，而酗酒正是导致脂肪肝的罪魁祸首。专家指出：对一般成年男子来说，如果每天摄入酒精量达到 40 克以上，女性达到 20 克以上，5 年之后多半会引起肝病；如每天酗酒 80 克以上，那么，仅仅在两周之内就会引起酒精肝。

有资料表明，长期大量嗜酒者肝病、心血管病、精神疾病的发病比一般人高出 20% ~50%，死亡率比一般人高出 1 ~3 倍；我国每年因酒精而中毒的人数超过千万。

据报道，我国公务员高脂血症的发病率明显高于普通人群。中国人民解放军第二一一医院体检中心副主任刘家莲指出，从近年来相关行业员工的体检结果来看，党政机关的工作人员大多患有脂肪肝、高血脂等“富贵病”。某省城一机关单位体检发现，80% 以上的男性都不同程度地患有脂肪肝，这与他们经常参加宴请、大量饮酒直接相关。

2012 年初，武汉大学中南医院体检中心发布的湖北省公务员健康体检统计报告显示，九成公务员身体存在不同程度的异常。报告指出，肝病已成为公务员的第一职业病。有关专家告诫，喝酒最伤肝。因此，爱护肝脏已成为一个沉重的话题。

哈尔滨新闻网讯，一名有 20 多年“酒龄”的中年男子，因长期酗酒，导致酒精性肝昏迷。入院抢救时，骨瘦如柴，浑身黄染，体重仅 35 公斤。

人类对酒的承受能力毕竟是有限度的，当酒到了极度的地步，带给人的不应该仅仅是“文化”吧？

目睹酒杯里发生的各种事情，实在令人恐惧和难于索解。这些给人们生命机体带来毒害的酒，在各类宴席和生活场所大行其道，用色泽、香味慢慢地谋杀我们。

上海市龙华殡仪馆。

几十支蜡烛一一点亮。摇晃的烛光投射在吴某的遗像上,使他的眼眸中闪现出一种生的神采。

然而,他已死了。由于饮酒失度,引起急性酒精中毒,导致呼吸中枢麻痹,在毫无预兆的情况下,霎时死亡。他才 35 岁,走得过于匆忙,留下一个可爱的小女儿,留下了一个夏天里的悲剧,留下了一个永远不能弥合的遗憾。

斯多葛学派的哲学家指出了人类不幸的两个主要原因,那就是我们的贪得无厌以及我们超出我们控制力的事物的倾向……这些,构成了人类生命中"不幸福的根源"。

这种"不幸福的根源",在酒杯中得到了充分的展示。在上海医科大学附属医院,我们看到了一个充满悲哀而荒谬的世界。

急诊部。

一中年患者虔诚地将手中的化验单,放在医生的诊桌上。

医生和善又无情的话语:你患的是乙醇中毒性肝硬化。

患者惊恐的眼睛。

虽是咫尺之遥,却是两个世界。医生的话,一下子把这个中年汉子从健康人的队伍中清除出来,生的希望在他内心如火苗熄灭。酒,将把"死"这件事情变成一个可供他细细品味、慢慢咀嚼的过程。

据罗大夫介绍,这里每天都要抢救一批这样的病人。在候诊室里,我们看到了人世间生命与死神搏斗的最后状态。

一肝腹水病人,全身精疲,腹部肿胀得难以穿衣。

另一肝癌晚期患者,疼痛得在椅子上打滚,其妻子和女儿在一旁哭叫。

罗大夫向我们展示了一批因酗酒而引起消化系统疾病的患者的照片。他告诉我们:酒,对消化系统影响最大的是肝脏。

在西方国家,有20% ~25%的酒精中毒性肝炎、脂肪肝或肝硬化是由酒精引起的。长期饮酒,可增高肝、咽喉、食管和口腔癌的发病率。酒本身不能致癌,但可引起维生素缺乏和肌体免疫能力的下降,促使癌症发生。

通常,大自然的淫威不一定会酿成人间悲剧。而人类难以泯灭的贪欲却能造成自我毁灭的灾难。

酗酒,是一幕明知不可为而为之的悲剧演出。罗大夫告诉我们:一个人每餐吃下的食物首先是由肠胃消化,然后将吸收的营养物质输送到肝脏。而酒精却恰恰相反,它进入体内就立即被肝脏以每小时30毫升的节奏所分解。你喝1两白酒,你的肝脏就得连续忙碌46小时;你喝半斤白酒,你的肝脏就得连续忙碌230小时;暂时处理不了的则继续在血液中流动。慢慢地,肝脏把这些酒精分解到血液和其他体内流质中去。然而这种酶化过程会派生出不少带有毒性的代谢物。倘若肝脏是健康的,代谢物会很快地转化为毒性很轻的化合物。不过最危险的是,酒精产生的乙醛能够堆积在饮酒者的肌体内,并成为引起恶心、呕吐和心脏紊乱的元凶。一次过量饮酒,其危害不亚于一次轻型急性肝炎。持续大量饮酒,肝细胞就会不胜负荷而坏死,从而可能引起酒精性肝炎、脂肪肝、肝硬化甚至肝癌。

罗大夫的话,让我们循着酗酒者的生命轨迹,看到了一个可怕的魔影。这个魔影,活跃在地球上每个角落。前不久,我在报纸上看到美国某地举行的"饮酒大奖赛"报道,获第一名的是一个24岁的青年人,但由于深度乙醇麻醉而死亡。年轻人特有的机智被浪费,那尚未泯灭的渴望和炫耀无知的壮举,把他送上了不归路。

也许,醉酒是容易的,醒酒却是痛苦的。从真理到荒谬只有一步,但没有路可以从荒谬到真理。谁能将被酒精损害的肌体恢复健康呢?现代医学似乎还没有找到这条路,似乎也找不到这条路。

罗大夫继续对我们说:酒精还能够破坏体内的化学平衡。它通过尿道把一些有益的成分,例如钾、钙、镁可电解质排泄出去。由于它有利尿作用,所以使肌体容易脱水。倘若继续喝下去,血压、血液循环、大脑的活动以及其他若干器官都要受到不同程度的损坏。

在另一间急诊室。

一位大夫和他的同事们正在抢救一名因酒精中毒造成胃出血的患者。

大夫告诉我们:酒精还是导致胃炎的一个重要原因。长期空腹饮酒,胃壁的承受力越来越差,最后必是以穿孔而告终,而大脑不断地受到麻痹,便会给中枢神经系统留下严重的后遗症。

在另一家医院,我们目睹了又一场悲剧:一名24岁的小伙子,在大街上骑摩托车摔断了大腿和胳膊。他被人送进医院时,全身血肉模糊。在急救室里,大夫从小伙子衣袋里翻出了一只汾酒空酒瓶,知道他是酒后出事。经检查后,大夫不得不告诉他:你的胳膊和踝骨全碎了,必须截肢。毫无疑问,这种单调琐碎、稳定持久的折磨,将比短暂的锐痛更加残忍,尤其对这样一些年轻的面孔而言。

这并非一场游戏一场梦,醉酒毕竟是苦涩的,醒酒的肉体创伤,仅仅靠时间能复合吗?没有什么简单的疗法能够根除业已烙在这个不幸青年生活中的伤痕。也许,人对欲望的满足总是亘古不变的,然而,这种满足必须以毁灭自身为代价!

在这期间,有一位29岁的少妇被抬了进来。

大夫对她开始进行检查:她面部被撕裂,而且有明显的萎陷症状,这可能与她的一根肋骨被打断有关。

人们也许知道,饮酒会影响心血管与肝脏,却不会把酒与精神病联系在一起。其实,饮酒与精神病却有着不可忽视的关系。

请听这名少妇的诉说吧。

少妇泣不成声:我的丈夫今年32岁,嗜酒如命,每喝至烂醉,就要与我同房,而且以下流的话骂我,说我另有所爱。有时光天化日之下扒了我的衣服,把我痛打一顿,要我讲出奸夫名字;有时胡言乱语,说有许多小虫在床上爬,在室内飞。有人说他有精神病,他反说我与奸夫合谋要迫害他。将我打得死去活来,这肋骨就是他打断的。

罗大夫听后,对那少妇说:你丈夫患的是慢性酒精中毒所引起的精神障碍。

酒,可让人陷入一种弗洛姆所说的"病态人格"。嗜酒者常常自私、懒惰,容易狂躁,容易激动,容易感情用事,因而导致家庭不和。同时也是家庭暴力的重要原因。美国1985年报道,共有3000~4000万人因家庭成员之一滥用酒精而受到伤害,甚至被杀死。中国有近5亿酒民,其中不知有多少人像这名少妇的丈夫一样因长期酗酒给家庭带来不幸。

酒,使这个家庭失去了夫妻本有的无限恩爱与宽容。医学,无法将人的生理组织的治疗转化为内在灵魂的关注。现在,当这一切都被无情打碎时,她只能遵照医生的建议,把自己丈夫送去精神病院治疗了。

精神病院能让他恢复正常吗?有过荣格,有过弗洛伊德,有过对于人类意识和理念最彻底最原始的探索,但直到今天,精神病学仍然是最为扑朔迷离的尖端科学。对于人类而言,宇宙万物最大的秘密,仍是人类自身的秘密。

在一家精神病院内。我们看见几个精神病患者在傻笑着,号哭着。

一精神病人像孩子般在手舞足蹈。

只要不控制饮酒,他们发病的可能性就永远存在。最终的结果,只能让他一辈子待在精神病院,像婴儿一样被哄着,像动物一样活着。

医学家经研究发现:酒对神经系统病理改变尤其严重。它能产生周围神经炎、各种脑功能障碍和器质性障碍。如焦虑、抑郁、急性障碍、癫痫样发作、震颤性谵妄、酒精性幻觉、偏激状态、小脑前叶退行性病变、肝性脑病、皮层萎缩、记忆缺损、顺行性遗忘和以虚构为特征的柯萨柯夫精神病等。因此,人们把酒精中毒称为“20 世纪的鼠疫”。

尽管慢性酒精中毒性精神障碍在我国并不多见,但近年来我国饮酒者日渐增多,这不能不引起人们的注意。目前,在我国精神病院住院人数中,有 20% ~ 30% 属酒精中毒性精神障碍。

据《武汉晚报》报道:曾担任湖北某县银行行长的老杨,年仅 51 岁,酒龄便长达 30 年。他从慢性酒精中毒发展到早期老年痴呆,家里人外出时,只好把他锁在房间里。如今,人们大概早已忘记了这个老杨,也忘记了锁在这里的故事。

是酒,为众多生命埋下了致命的祸根。有资料显示:我国 1976 年因酒精中毒死亡 900 余人,进入新世纪后,每年死亡人数猛增到 11 万多人。三十几年时间,增长了 120 多倍。现代医学告知,饮酒是“慢性自杀”。看来,这个速度不算太慢!

在这家医院里,我们还目睹了这样一幕:从急诊楼里抬下来一个男子,一个女人从医院大门里一进来,看着白布包裹着的担架,就扑上去痛哭不已,这不仅仅是因为丈夫的突然死去,而是整个家庭梦想从此破灭。听围观的人说,死者活得太累,太沉重,常年在外打工,有时淋雨或受冻回家,总是喝几杯酒,以驱驱身上的寒气。昨晚在外作业后,在一家小酒店喝酒。由于喝多了,达到致命的程度才被送到医院。如今他已离开了那间抢救室,在四十岁生日的前夜,永远结束了自己沉重的责任,结束了自己的疼痛。

男子的尸体被送进了火葬场,这样的教训令人心碎。这是一个无知者的悲剧。其实,饮酒驱寒寒更寒。美国南加州大学的科学家最近的研究证明:在体温下降时饮酒，其体温将进一步下降。科学并不回避传统的理论，但传统的观念和习惯总是排斥科学。

大夫告诉我们：长期嗜酒酗酒会使呼吸道防御病毒的功能降低，引起呼吸道病变。有关资料表明，嗜酒者肺结核发病率比不饮酒者高9倍，肺结核气管扩张的病人饮酒后，由于酒精刺激，病灶部位的血管迅速扩张，可引起咯血。

现代医学将酗酒列为危害人体健康的“文明病”。每个酗酒者，是否能从健康的角度，来考虑一下自我解救呢？

在就要离开医院的时候，没想到我们目睹了最难忘的一幕：

一个年轻的母亲抱着一个小女孩在哭泣，小女孩双眼紧闭，神情迷乱，不停地抽搐。旁边站着她的父亲。

罗大夫：怎么回事？

孩子父亲：下午我下班回来，忽然发现她躺在地上不省人事，我走过去一看，只见她身边有一只用来盛散装白酒的空瓶子。中午剩下的酒全被她喝光了。

罗大夫：有多少？

父亲：至少有4两。

罗大夫：孩子多大？

父亲：4岁。

罗大夫：4岁的女孩子喝4两白酒，这还得了！是谁教会她喝酒的？

孩子母亲指着丈夫：还不是他，高兴时总是用筷子点点杯中酒，送到孩子口中，天长日久，孩子不就自然学会了。大夫，我的倩倩可是个十分聪明的孩子，能说会道，邻居谁不喜爱她，你可要救救我孩子。

眼前突然降临的危险会使人们顿时惊慌不安。战争、瘟疫、地震、飓风都会迅速地把人们动员起来，可对具有威胁性的酒缓慢地产生的危害，我们却常常让自己“翻滚”在怡然无知中，闭眼不视渐现的灾难。

遗传不会赋予孩子正当的观念，孩子会学到他们被授予的东西。也许，正因为父母过度地溺爱孩子，从而开始教给孩子有害的观念，把下一代人送上了娇惯、放任自流、爱得让人窒息的祭坛。据统计，现在我国拥有4～16岁的小酒民约1.6亿人。这是一个多么可怕的数字。美国一个心理学家最近发出一个警告：21世纪最大的社会祸害就是相信有了无尽的爱，就不再需要管教。

大夫：你这孩子生命垂危，我们会全力抢救，不过由于酒精中毒，即使治好了，其肢体也会产生严重障碍，智力语言能力也会减退。

花朵还来不及盛开，就被酒无情地揉碎。小倩倩的生命算是被挽留住了。不过，痴呆和麻木将伴随着她的一生。童年本该像舒曼的《梦幻曲》朦胧而甜美，天真而烂漫，但对于小倩倩来说已无从寻觅了。她再也没有星光一样眼睛，没有鲜花一样的笑脸，她的父母曾指望她成为歌星影星或者科学家……多么好的一个梦啊！

离开医院的时候，我们经得医生同意，查阅了一下这一天的急诊名单，发现24小时之内送来的340名病人中，竟有121人与酗酒有直接关系。

这只不过是一所医院急诊24小时内的缩影。酒对人体的危害，也许你还没有听说过；也许你刚刚才明白。可以肯定，此间埋藏着许多难以言状的心理悲剧。

这是发生在南美委内瑞拉首都的一个令人震惊的故事。43岁的失恋者泼劳伊安从家乡来到首都加拉加斯市寻找工作，几天没有结果。于是他走进了一家酒馆，以酒消愁。在仰脖喝下了几杯酒后，他眼睛有点迷糊，捂住嘴打了个哈欠，然后步出酒馆。

加拉加斯的夜是迷人的，华灯闪烁，那一片片灯海的背后仿佛隐藏着一个诱人的去处，将泼劳伊安的兴奋萌发到最高点。泼劳伊安脚步踉跄。终于，在一块一丝不挂的裸体女人画像旁倒下……

第二天，当他醒来的时候，眼前已是一个黑暗的世界。原来，他摔倒在路旁后,被一犯罪团伙剜去了两个眼球。

这是一段悲惨的录像,悲剧的产生,在于醉者行动失控而摔倒在黑暗里。酒,给他留下了一颗终身难咽的苦果。

醉酒为什么会使行动失控?在1988年美国圣地亚哥核医学科学年会上,诺拉·沃尔特博士在一份研究报告中,第一次揭开了醉酒使人行动失控走路不稳的秘密。

诺拉·沃尔特认为:酒能使人大脑内的血液增加,小脑内部血液减少。因为人的小脑控制着运动神经,小脑缺血,人的运动神经失调,人的四肢也就失去平衡。一些慢性酒精中毒的人周身肌肉颤抖,也是由于小脑缺血所致。

德国图宾根大学科学家取得了一项能够尽快战胜"20世纪鼠疫"——酒精中毒的成果。他们经过三年的分析研究,证明经常饮酒能够严重损害大脑物质,而慢性酒精中毒者大脑的体积还会逐渐缩小。尤其女性大脑比男性大脑受酒精的致命影响更明显。

不难想象,酒对人体危害这类真实的故事可以没完没了地讲下去。酗酒者大都怀着侥幸的心理对抗科学知识,总是迟一步感知灾祸的降临。一位老人因视力模糊来看医生,医生告诉他得了白内障,系喝酒所致。他不信,喝酒也会引起白内障吗?最近,英国爱丁堡学院的研究者对300余名白内障患者所做的专题调查,发现酒是引起白内障的重要因素。统计证实:经常喝酒过量者白内障发病率高过一般人1.5倍。

酗酒不仅损害人体器官和身心健康,还会伴有性功能障碍,导致夫妻离异,家庭破裂。

我们遇见这样一对年轻夫妻,同床不能共枕。由于丈夫嗜酒,他得了阳痿症。夫妻经常吵架,那种婚姻危机一直潜在家庭每个角落。

据国外报道,酒精是一种性腺毒素,过量饮酒或长期嗜酒,可使性腺中毒,导致男性出现性功能减退、精子畸形和阳痿;女性月经不调,停止排卵,无性欲等。研究发现,酒精可对睾丸、卵巢产生直接的毒性,且可通过对大脑的下丘脑及垂体腺作用,对男女的性功能产生相对持久的影响。对血液中性激素浓度进行测定发现,男、女性酒滥用者血液中睾酮及雌炔醇水平均低于正常对照组。性欲低下的男性中,其睾丸、阴茎外形均有萎缩,精子生成明显减少,体毛减少。若同时伴有肝硬化,则男性会出现女性化特征(如体毛脱落,乳房增大等)。女性则因酒使卵巢功能受损,会出现性欲及性功能降低,月经不调甚至闭经,卵巢、乳房及外生殖器均有萎缩表现,阴道分泌物明显减少,脂肪重新按类似男性的体态进行分布。据报道,不少男性不育和女性不孕也与酗酒有关。国外有人做过统计,1700 名嗜酒男子中,有 1360 人完全性阳痿。

也许我们还习惯将难言之隐深藏在心中,而不习惯将缺陷公之于他人。然而,肉体的痛苦毕竟是局部的、外向的、暂时的,而心灵的痛苦却是整体的、本质的、恒久的。

酒精不仅会让男人败“性”,还可以让男人绝“后”。因为酒精中毒严重时,会殃及胎儿,造成胚胎发育不全、缺陷、畸形、甚至死胎。外国把这种孩子叫作“星期日孩子”,认为这是周末夫妻大量饮酒后同房受孕的恶果。故我国早就有“酒后不入室”的告诫,可人们并不懂得:真理往往蕴含于日常生活之中。

俄罗斯对饮酒母亲生产的调查表明,早产占生产妇女的 34.5%;妊娠中毒症占 26%;婴儿窒息占 12.5%;死产占 22.5%;难产占 10.5%;畸形占 3%。由此可见,在母孕期酗酒对胚胎的危害有多大。

酒鬼的子女多酒鬼。这也是被科学研究所证实的。美国圣地亚哥荣民医院中心,在研究中发现,酒精会影响下一代的体质成分,造成他们对酒精的反应迟钝而导致酗酒,最后也成了和父母一样的酒鬼。1996 年 3 月 14 日,《人民日报》发表山东安丘市妇幼保健站的一份材料表明:50% 以上的低能儿的父亲是酗酒者。可见,悲剧的根源在于我们自身。

一位哲学家说过：酒是最好的仆人，也是最坏的主人。一位画家说得更形象更准确：酒是情人也是魔鬼。

人世间很多道理都是从人体演变出来的，如“咽喉要道”之说，就是因为咽喉离人体最重要器官——脑袋最近，走咽喉的经脉有 8 条之多，所有上脑的经脉，全都要经过咽喉。为此，人体就安插了咽喉这道天然屏障，把一切病症和邪气拦在这里，阻其上行。然而，酗酒者却把这道天然屏障毁掉了。美国学者 A · 凯勒对 408 名口腔癌和咽喉癌患者的病例资料进行分析，他指出，男子患这两种癌症与大量饮酒和抽烟有关。在纽约抗癌中心，通过对 1405 例口腔癌和咽喉癌患者的观察得出结论：其中 90% 的患者饮酒。

在美国波士顿，对 108 名舌癌患者进行的观察发现，其中 82 例饮酒过多，48 例除舌癌外还患有肝硬化。

许多美国医生得出一致的结论：经常饮酒致使口腔癌发病危险增加 10 倍。

印度学者瓦里根据对北方邦的研究断定：与不喝酒的人们相比，饮酒者的口腔癌发病率高出 10 倍，而喝威士忌酒者则高出近 20 倍。

法国几家抗癌中心的资料证明，口腔和鼻咽癌的死亡率在饮酒多和抽烟多的地区，要比其他地区高得多。80% ~90% 的口腔癌是在饮酒和抽烟者中发现的。

近些年在西方国家，妇女乳腺癌患者有增无减，引起人们的担忧和医学专家们的关注。美国医学科学家经过多年研究观察，在最近得出结论：妇女患乳腺癌也与过量饮酒直接有关。

酒，还可以造成胃黏膜脱垂，甚至可使大脑麻痹导致呼吸、心跳停止而致死。酒精还会杀伤神经细胞，损害记忆力；嗜酒对于脑血管性疾病，原发性高血压、冠心病等发生与发展，有着不可低估的作用，其对消化道黏膜的直接刺激，可导致胃炎、胃溃疡及十二指肠溃疡。亦有醉酒后发生膀胱破裂的报道。

女性喝酒害处更多。美国医生莎拉保明斯博士发表一项研究报告指出：女性对酒，在心理及生理所产生的反应都有异于男性。女性较男性更多愁善感，更容易借酒消愁。在生理方面，女性体内的脂肪比男性多，但体液却比男性少。酒精进入女性血管时，由于缺少水分的稀释，其浓度较高。因此，女性身体受到酒精的损害比男性严重。

《人民日报》1996 年 3 月 14 日报道：从 20 世纪中叶开始，我国心血管病患者人数增多，究其原因，大多与长期过度饮酒有关。据卫生部对华北地区心血管病患者的一次调查，临床心血管病患者中，63% 有长期饮酒史，在死亡的心血管病者中，81% 是性情暴躁的纵酒者。

也许中国人习惯了"白酒"的吞吐，但啤酒也正在革命着我们的口味。冬天才刚刚过去，啤酒对夏季的入侵却已早早开始，因为，即将到来的又一个夏天，将是啤酒市场的黄金时代。

五花八门的啤酒。

某酒馆，女服务员热情地为顾客启开啤酒瓶盖。

餐桌上，一杯杯翻涌着泡沫的啤酒。

你会不会参与其中？如果你是城市人，如果你生活在一个夏季之中。

这是初夏的上海。春季刚过，市民们还在家里消化丰盛节日的佳肴，可市中心某豪华酒馆的餐厅却爆满了。有人做了统计，作为现代最为流行的含酒精饮料，目前世界消费量最高的就是啤酒。

酒楼内。喜笑颜开的饮酒者。

啤酒白色的泡沫混合着阵阵笑声在餐桌上流淌。

2012 年，美国癌症专家发出了令人震惊的警告：大量喝啤酒的人患口腔癌和食道癌的危险性，要比喝烈性酒者高三倍。

澳大利亚学者在进行大量的调查后也发现每日喝10听以上啤酒的人，最容易患直肠癌。这是因为啤酒中的亚硝胺含量比其他饮料高，喝啤酒过多时，其中的亚硝胺就大量积累而致癌。毫无疑问，大量饮用啤酒对肝脏的损害也很大。在美国芝加哥召开的全美肝病专家会议上，专家告诫人们，喝大量啤酒的人比喝同等数量葡萄酒的人更容易死于肝病。

近年来，德国海登堡大学医院的崔柏医生通过研究认为，多喝啤酒可促进肾结石的发生，因为酿造啤酒的大麦芽汁中，不但含有钙和草酸，而且含有大量的鸟嘌呤核苷酸。它们都能使人体中的尿酸量增加一倍多，从而促发结石的形成。

常喝大量啤酒的人，往往心脏增大，被称作"牛心"或"啤酒心"。这种心脏增大，会使心肌组织中出现脂肪细胞减弱现象，从而引起心动过速。

我国古代医学把酒喻为"穿肠毒药"。又说："酒犹水也，既能载舟，又能覆舟。"苏联医学博士兹马诺夫斯基也给现代健康的概念归纳了一个著名的公式：健康=(情绪稳定+运动+适度饮食)/(懒惰+酒+烟)。显而易见，酒与健康是成反比。众多事实表明：有适度，才会有和谐、平衡、有序、健康。

据报道，我国慢性酒精中毒的患病率已从1982年的0.16%快速上升到2012年的40%以上。有人考证：嗜酒者预期寿命要比常人减少20年，平均寿命少于55岁。有人列举了十种难以长寿的人，抽烟、酗酒被列为其首。

医学家对我国历代帝王的寿命进行了探索研究，结果发现皇帝多短命。有人统计从秦汉到明清，我国封建时代各朝有生卒年月可查的皇帝共有209人。其中，寿过古稀的仅8人，只占4%；而未过半百的倒有142人，占68%；平均寿命仅39岁。究其原因，主要是酒色过度，乐极生悲。

危言也许耸听，然而危言确实可证。

最近,有人对李白的死进行了考证,认为他确实是死于“酒”。

民间早有其“捞月落水”“骑鲸升天”的传说。“捞月”“骑鲸”虽事涉无稽,但值得玩味的是人们宁肯舍弃医学科学的探求,而驱驰自己的想象,这实在太有深意。

英国杰出的戏剧家萧伯纳有一句名言:“知识不在的地方,愚昧就自命为科学。”但一切就如此简单么?

我们无法解答酗酒者的种种心理健康问题。因为种种看似不严重的心理健康问题,是隐性的心理危机。但透过上述种种现象,我们已看到了酒对一个人身心的危害与毁灭。人类酗酒的下场,会比猴子更妙吗?

人类继承了猴子的发现,同时也继承了猴子的悲哀。

第四章

追寻原罪

虽然饮酒是和男女相恋一样令人爽快的事，但无限度的酗酒，却成了祸害社会的一大元凶。从酒后滋事、酒后斗殴、酒后强奸到酒后抢劫、酒后杀人、酒后车祸……人们目睹了太多的悲剧和死亡，全世界每年因酗酒犯罪的案件让人闻之悚然。没有人知道有多少凄泪染湿衣襟，又有多少沉重的悲伤和黑夜一起坠入深渊。

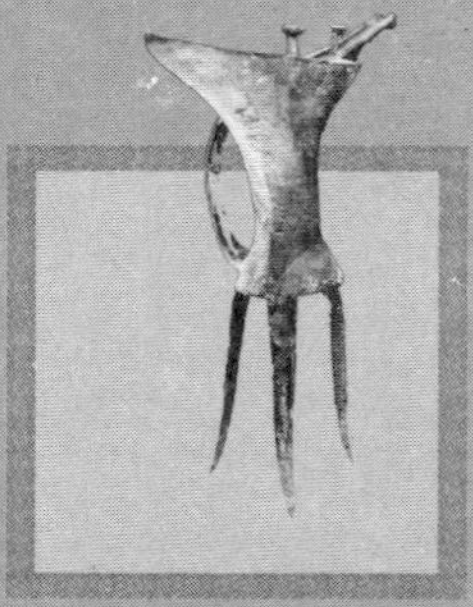

特大新闻:1991 年 8 月 28 日凌晨,美国纽约市地铁因司机酒后驾车,造成列车出轨的重大事故。四节车厢被毁,6 人当场死亡,200 多人受伤。这些死难者,带着各自的业绩、遗憾、未竟之志,还有同这个熙熙攘攘的世界无法斩断的丝丝缕缕的牵挂,命赴黄泉,留给我们无尽的思索。

这次车祸的罪魁祸首是谁? 酒,作为人们喜欢的杯中之物,当然是无罪的。然而,酒又是供人们喝的,人们一旦喝得酩酊大醉时,它又成了罪恶之源!

酒,让这个世界大吃一惊。它不仅危害人体健康,而且还是造成家庭、社会悲剧的祸根。无控制的酗酒,会导致一个国家、一个地区的失业率、离婚率、犯罪率、交通事故的升高。这种现象被社会学家称为“社会性酒精中毒”。

这个故事发生在江西铜鼓县港口乡港口村。

时值春节。一个温暖、吉祥的日子。棋坪乡柏树村农民方某几兄弟到港口乡港口村王某家拜年。王某夫妇把对客人的盛情全化作一道道实在而口惠的佳肴,注满红漆小桌上的酒杯。

寻常百姓的喜怒哀乐是最生动的社会生活情节。他们从中午 12 点一直喝一下午 4 点。

方某头重脚轻地从酒桌上站起,趔趔趄趄地扶着墙走进王某的卧室。

方某重重地躺倒在床上,酣然入睡。

室外,猜拳行令声仍在继续。

昏睡中的方某突然坐起,掀开被子,不禁大惊失色。

被窝底下一小男孩,嘴里在流着血。

方某惊恐的眼睛。

酒宴结束了,盛情也结束了。然而,这个悲剧将成为王某一生的阴影。孩子死了,他叫王玮,3 岁零 8 个月。王玮长得十分逗人喜爱。可这个幼小的生命再也看不到第二天的太阳了,就像袅袅的青烟,冉冉地升起却被风儿吹散。

悲剧的警钟并非只在新年敲响,新年的悲剧不仅仅只警示于新年。

四川内江市发生的又一则遗恨终生的故事,荒谬得像个玩笑。

一农家小院。从里面传来女人的哭声。

一青年闻讯赶来,破门而入。

屋内,王兴军倒在地上不省人事,妻子伏在其身上痛哭。

青年:嫂嫂,哥怎么了?

嫂哽咽地:你哥不知什么时候喝农药了。这怎么得了,今后的日子……

屋里很快挤满了人。青年二话没说,背起哥往门外走。

村外小路,王兴军从弟弟身上挣扎下来,我……我没有喝农药,是喝了半斤白酒……

青年扔下哥往回走。

院里,围观者比先前更多,吵声、哭声一片。

青年推开人群入内。

屋里。嫂嫂倒在地上,身旁有一个“氧化乐果”的空瓶子。

从外面冲进来的王兴军伏在妻子身上,摇着,呼喊着:慧娟,是我害了你,是我害了你……

呼喊从心底流出,声声似血泪凝成。丈夫醉酒装假死,妻子动情真自杀。她死了,从人间消失了,化为一个不安的幽魂。夫妻俩曾精心构筑的美满生活,就这样在瞬间破灭了。从此,王兴军沉浸在无边的痛苦里,独吞家破人亡的恶果。有时,村里人在深夜听到从他屋里传出的呜咽声,带着椎心泣血般的悲楚。

酗酒,酿造出种种心理障碍,将自身的情感泯灭,使家庭走向灾难,使夫妻感情出现危机,造成破裂,把许多不该遗弃的情感抛在荒野。这是发生在另一家庭的悲剧。

小叶是某市钢厂一个技术工人,年轻漂亮,正值自尊而敏感的年龄。然而,她对丈夫的关照、体贴,换来的却是骂声和拳脚。她原以为还有一个人性底线,事实上酒让丈夫没有了这个底线。

夜里，喝醉酒的丈夫从外面回来，倒在床上呕吐。

她为他揩净嘴，端来了洗脚水，给他脱鞋洗脚。

丈夫猛然坐起，蹬翻了水盆，走下床，扯住她的头发一顿暴打。

酒，作为人类一种兴奋剂，在超过其限度的时候，往往令人失去理智变成一种罪恶的能量释放出来。这是现代心理学对酗酒犯罪的一般解释。他的脾气变得一天比一天暴烈，越打越狠毒，直到后来竟专打她下身，打完了还要发泄兽欲……

小叶无力摆脱丈夫的虐待，在希望彻底破灭后的痛苦里，她独自扑向绵延的雨幕，没有向任何人告别。

远处驶来了一列列车。

她披着长发，满面泪水，朝那呼啸而来的列车扑了上去……

小叶卧在铁路上的尸体。

谁也不知道小叶走向生命尽头时，心里都想了些什么。她用这种惨不忍睹的方式，完成了悲剧的最后一个造型。人们都说她死于残酷的封建夫权思想，总想用思想或道德观念来解释发生在家庭中的一切。其实，弗洛伊德所大声疾呼的人类精神病态，从来就弥漫在我们的生活里。而这种精神病态，大都来自于酒，是酒把人变成了虐待狂。正如有人所言，从猿变成人需要几万年，而从人变成“猿”只需要一瓶酒。

这是个令人不能不为之扼腕叹息的故事。

他是个在不惑之年失去爱妻的男人。为填补心中缺憾，他历尽艰辛让两个从小就失去母爱的儿子考上了大学。两个儿子参加工作后，带着女朋友和不变的深情回家探望父亲。

节假日——自然是鲜衣美食、纵情声色的狂欢。

节假日——酗酒滋事的季节。这是新世纪的第一个元旦。所有的眼睛都盼望和欣喜的日子。

温情的家宴,一家人围坐在一起随心所欲地喝酒。父亲一生也没有这么兴奋过,除了儿子,他还能盼望什么?房屋、金钱,这些都不在父亲期盼范围,他只渴望即将新婚的儿子能为这个家庭延续血脉。

饭后,怀抱细微梦想的父亲与儿子的女友先回了家,兄弟俩继续留在酒楼喝酒。这地方酒桌上的喝酒,实际上是一种赌。这种赌,赌的是酒。兄弟俩都不会耍赌,却深深地迷上了喝酒的赌。哥哥患有糖尿病,可他天天喝酒,他说要以毒攻毒,而弟弟并不信任哥哥的酒力,两人各喝了一瓶五粮液,可能是假酒。

弟弟先倒下了,瘫倒在桌子下面。

哥哥也缩下了桌子。

两个充满才华的年轻生命,就这样毫无价值地消失了。他们的死,让人们忽然发现愚昧是那样强大、冷酷。他们原本就是为了消除愚昧才去上大学的,结果愚昧反而收拾了他们。这些年,像兄弟俩这样的大学生,毕业前,岂止是喝酒呢?好多事他们都做过了,尝试过了。无边的愚昧在时时吞食着易碎的智慧。

喜庆饮酒,是中国人传统生活中所不能缺少的。亲朋相会,举杯同庆,沸沸扬扬,将祥和、欢乐洒满你周围的世界。谁会将它和灾难联系在一起呢?可这个悲剧正是发生在这样的一个喜庆之夜。

四川某化工厂工人小张,是个独生子。“五一”国际劳动节经人介绍认识了黄姑娘,当年国庆节便双双到街道办事处领取了结婚证,并于同天举行婚礼。

这是新婚欢腾之夜。

华堂溢彩,高朋满座。婚宴以一种最隆重的仪式在一家酒楼举行。敬高堂酒,敬宾客酒;喝交杯酒,喝致谢酒……夸张的碰杯声伴着音乐,将婚庆推向了高潮。分不清究竟何时是破梦时刻。几番下来,酒,篡改了新郎的面容。

装满白色液体的酒杯，从新郎手中滑落。

扑倒在地上的新郎。

新娘的惊叫声。

一个倒下的男人躯体，再也不可能伟岸。新郎黯然地蜷曲在酒楼的一角，从此再也没有爬起来。洞房里构筑起来的美好氛围，瞬间消失了，唯有哭声，在表达亲人决堤的情感。酒，剥夺了人间的爱，粉碎了圆满，将一桩人间喜事错误地化为一场不堪回首的噩梦。

酗酒，是一方蔑视生命的舞台。“酒肉朋友”、“酒色之徒”、“酒囊饭袋”……都不是什么好名词。它将许多天然纯净的情感淹没，使长青的友谊变为枯萎，成为荒芜，多少洁净的灵魂跌落其中。

这是一群被称为“哥儿们”的聚会。匆匆赶赴酒楼的车轮后，隐藏着莫名的躁动。男女青年相聚群饮，给人的内心造成多大的震荡与狂喜的混乱啊！敬酒、碰杯，猜拳、行令……很快大家都有了醉意。其中一个因啤酒喝多了，尿憋得厉害，起身要去解手，被旁座拉住，要罚他付酒钱。往昔珍贵的情谊开始变得庸俗不堪。于是，他们先是争吵，接着便动手打了起来。一场酒后斗殴，便以悲剧的形式拉开了序幕。

被推翻的酒桌，砸碎的酒瓶。

几个倒在地上的小青年嘴里流着血。

脸上青肿的小刘趴在桌子底下。

德国有一句格言：用酒灌出来的友谊，像酒一样只能维持一个晚上。大伙散场了，一个朋友却永远地留在了黑暗之中。这是怎样的一场悲剧啊！

酒，使人兴奋，更使人疯狂，它是失控犯罪的催化剂，扼杀感情细胞的元凶，醉酒后发生的暴力行为，斗殴、犯罪以及凶杀等等，都给人们和社会带来灾难，下面几个故事,足以叫人痛心疾首。

这是一个沉霾之后终见阳光的下午。一青年满脸酒气,摇摇晃晃从一酒家出来。在大城市,不论哪个季节,你都能碰见这样的醉汉。人们都习惯了,没有人惊呼,也没有人围观。可这位醉汉去骑他的自行车时,因脚下不稳而摔倒在地,引得路人驻足观看。其中一好心老人上前劝道:小师傅,先休息一下,再去上班吧。可他怎么也没有想到,就这么一句话,灾难便很快降临到他的头上。

青年爬起来,醉眼圆瞪:老头子,你活得不耐烦了,管啥屁事?!

青年抡起拳头,向老人猛打过去。

老人倒在地上,后脑勺跌在马路上街沿,不省人事。

在生命丧失之前,最严重的丧失,是尊严的丧失。老人一命呜呼,他没法给自己留住最后的尊严,暴死在大街上。而这个根本没有预测过自己死期的青年,也很快被判处了死刑,两条生命就这样结束了。是酒,阻断了通往人性深处的道路,使这位青年不能与罪恶绝缘,从而将自己挤压成一堆没有形状的垃圾,并成为社会的反面教材,这可说是死者的双重不幸了。

酒在杯里是白的,到了体内就是血与火:1997年,我们从安徽省判决的刑事案件中,翻阅到几个因醉而罪、伤身亡命的案例,足以震撼人心!

某市个体运输户夏二与妻子雷芳因家务闲事发生口角。夏二打了妻子一巴掌,妻子赌气外出。雷芳的弟弟雷春酗酒成性,得知姐姐挨打的消息,便提刀赶到姐夫家。

雷春抓住夏二的衣领,断喝一声:"跪下!"

夏二跪下,战战兢兢地:"雷春兄弟……有话好说……"

雷春:"去你妈的!"一脚将夏二踢倒。接着拔出身上的牛耳尖刀,恶狠狠刺

向夏二胸膛，夏二倒在血泊中。

人把粮食酿成了酒，酒把人造成了野兽。

两天后，当雷芳回到家里，惊闻丈夫被杀，弟弟被抓，深深的懊悔和绝望之余，一根绳子悬梁归西。谁也没有想到，一场夫妻间的几句口角，竟会惹出一场塌天大祸，酿成了三条人命的悲惨结局。

酗酒，是造成诸多犯罪的重要原因。在现实生活中，有报复之心者并不鲜见，然而，酒醉后的报复却来得更惨烈，甚至悖于人性。

据徐州市公安局调查，酗酒引起的犯罪，以侵犯公民人身权利和妨害社会管理秩序罪为多，性质也严重。其中杀人罪所占比例最高，为85.71%，7起杀人案中，有6起是酒后杀人；流氓罪所占比例是第二位，114名流氓犯中，有75人属于酗酒后闹事犯罪，占65.79%；抢劫罪再次，为56.76%。

最大的悲剧还不是已经发生过的事，而是这个问题的恒久性。酒害正日益严重地危及中国青少年。

近些年来，我国许多在校大中小学生，也开始热衷于谈论“酒经”，一些大学生甚至丢下课本拿起酒杯，专门练习起喝酒和唱歌跳舞来。有的学生竟借着酒兴，滋事闹事，破坏学校纪律和社会治安。

据2009年7月16日《大河报》报道，河南司法警官学院法律系学生部伟奇，酒后持刀强暴了一名女生。在施暴过程中，还有其两名同学参与。他们将女生强暴后，进而丧心病狂地欲杀人灭口，并抢走这位女生钱物……制造了一起震惊校园的重大案件。

酒后的生命，是变异的生命。有关部门发表的一项数字，因斗殴被捕的青少年增加了71%；三分之二暴力罪（杀人、抢劫、强奸、斗殴）大都是25岁以下的人干的。青少年因酗酒导致犯罪，已成了一个不可忽视的社会病症。因为，这个热闹的世界毕竟是留给青年人的。

失足如失杯,再美好的夙愿一旦从掌心滑落,那也只是碎瓷片片。酗酒,让善良受到污损,使一个人不能把邪恶隔在心外。

天灾与人祸,无疑是人类最可怕的天敌,但比天灾更可怕的是人祸。这是一个十分美满的家庭。夫妻俩钟爱于一个小生命,这爱的强烈可想而知,这天,“小皇帝”得了感冒,夫妻俩便匆匆把他送进了医院。

醉醺醺的医生看了看孩子:没……没事,小……小毛病。打……打两针,吃……吃点药,就……就行啦。

醉眼惺忪的医生开着药方。

接过药方的母亲,示意孩子向医生致谢。

一间漂亮的小卧室。

处于昏迷状态中的孩子。

惊慌失色的母亲:这孩子怎么啦?这孩子怎么啦?

一辆救护车呼啸着从大街上驶过。

孩子刚送到医院还来不及抬进抢救室,就毫无准备地走了。这是酒后发生的一起医疗事故。医生醉酒后开错了药方,把救死扶伤的责任错误地交给了死神。你可别小看这酒的“威力”,它能让天使变成魔鬼。

因喝醉酒误送他人性命,何止这个医生?1998 年 7 月 22 日,山东枣庄市山亭区人民法院原执行庭副庭长王永强酒后溺死儿童,被法院以故意杀人罪判处死刑。酒后误事,将一个个鲜活的人引渡到生命的彼岸。这是一种怎样的悲剧啊!

另据报道:2013 年 7 月 18 日,河南省安阳市下辖的林州市发生了一起“醉酒民警摔婴”案。一位从警近三十年的民警,酗酒后突然抢走街上一男子怀里 7 个月大的女婴,举过头顶后猛摔在地,酿成重伤。在社会上引起强烈反响。民警酒后摔婴,颠覆了所有人的认知与信任,让围观者产生一系列“坏的联想”。

黑色的日子,永远提示着一段黑色的记忆。

构成我们生命意义的可以包括很多因素,只是不包括我们自己。我们必须对许许多多活着的、死去的,以及没有出生的人负责,却不必对自己负责。一个对自己不负责任的人,能相信他会为别人负责么?

赣东乡间一公路上,行驶着一辆迎亲的小汽车。

车厢里,装满了新娘的嫁妆,飘着红旗,几个青年高兴地敲着锣鼓。

驾驶室,醉醺醺的司机两眼血红。身旁坐着眉清目秀的新娘。

远处,传来了火车的轰鸣声。

汽车在摇摇晃晃向前急驶。

风驰电掣般前进着的列车。

失去理智的司机将小汽车开上了铁道。

随着一声巨响,汽车被火车撞得粉碎,血肉横飞。

这场车祸共6人丧生。这对新婚夫妇未能赶上家里已备好的喜宴,未能一同举行婚礼,然后组成家庭,生儿育女,就命赴黄泉。

还有两位作为“伴娘”的妙龄少女,来不及打开青春的窗口,便成了酒鬼的陪葬品。喜事演变成“丧事”,这无论如何都是件令人泪下的悲惨故事。酒,它泯灭了人的理性,在我们生存的三维空间,随时都在发生由它酿成的人间悲剧。

当今世界,最常见也是最悲惨的车祸,首推酒后开车导致的伤亡事故。美国每年因酒后开车造成的车祸数量惊人,因此被逮捕的司机,从1978年以来每年都超过100万,20世纪90年代每年超过200万。中新社曼谷2013年1月2日电,泰国一位高级官员对外宣布,“新年交通危险七天”,泰国因交通事故死亡人数逾350人,醉酒驾车是主因。

醉驾,不停地杀戮和制造死亡,交警部门提供的信息显示:在工业发达国家,50%致死性交通事故,都与司机饮酒有关。自欧洲共同体签约以来,成员国里差不多有200万人死于车祸,4000万人受重伤,这相当于第一次世界大战死伤的人数。

交通事故已成为“世界第一公害”,而中国是世界上交通事故死亡人数最多的国家之一。从20世纪80年代末至2012年,中国交通事故每年死亡人数都远远超过5万人,连续20年居世界第一。其中,2012年,全国共发生交通事故265204起,造成73484人死亡,304919人受伤,直接财产损失10.1亿元。

中新社报道,2012年7月26日举办的“酒后不驾车,精彩有延续”专题讨论会上指出,中国汽车保有量约占世界汽车保有量的3%,但交通事故死亡人数却占世界的16%。而酒后驾车为导致交通事故的主要罪魁之一。据统计,2004年全国公安交通管理部门处罚的酒后驾车违法行为高达100余万人次。就在2011年5月1日“酒驾入刑”实施的头7个月,全国仍查获酒驾201153起。多么可怕的数字!酒精,已成为越来越凶残的“马路杀手”。

2009年5月30日晚,在南京市江宁区东山街道,发生了一起特大交通肇事事件,肇事者张明宝醉酒驾驶一辆黑色别克君越轿车,一路狂飙,撞倒了9名行人,撞坏了6辆轿车,致使5人死亡,4人受伤。鲜活的生命转瞬支离破碎,10个家庭遭遇横祸,而且带走的还有一个妈妈肚子里、没来得及看一眼这个世界的6个月大的胎儿。

大片的鲜血,扭曲的肢体……

这些血腥的画面让人们直击事故的惨烈。这户遭受不幸的家庭,窗户上还贴着红艳艳的“喜”字,他们是一对从外地来南京打工的年轻夫妻,很恩爱,每天晚饭后都要手拉手出去散步。这天,没想到他们就这样一去不回……

另一位遇难者叫董成忠,盱眙人,和妻子洪宝时同在江宁一家羊毛衫厂做工,结婚两年,出事6个月前有了一个女儿。当时夫妻俩牵手从超市出来,突然听到身后惊呼，便回头想看看发生了什么，就互相松开了一直牵着的手。他的妻子怎么也没有想到，这一松手，两人从此阴阳两隔。

酒是馥郁醇香的，更是苦涩的。一起起酒后醉驾肇事案，毁掉了多少幸福家庭，让无数无辜的受害者，承受着无边的痛苦。

2008 年 12 月 14 日，成都的孙伟铭醉酒后无证驾车在闹市狂飙，致使 4 死 1 重伤。一场悲剧背后，四个家庭破碎；2009 年 1 月 21 日 22 时 10 分，河南的王卫斌醉酒后驾驶宝马 730 型轿车，沿 310 国道由东向西超速行驶，在行至 879 公里处，当场撞死 6 人，并致 7 人受伤；2010 年 10 月 5 日河南洛阳市洛宁县邮政局长谷青阳酒后驾车，撞死 5 名青少年……

接连不断的恶行与对生命的轻慢，猖狂与肆意，就发生在光天化日之下。别克、宝马大都是官员和富豪用车，坐的都是大小官员或暴富者。在当今权力和金钱通吃的年代，谁敢惹？

每一个人的生命都应受到保护。而一起起高级轿车撞人案，使得公众对于"车祸猛于虎"深有感触，更对酒后驾车变得尤为关注。从杭州胡斌飙车案到"6·30醉驾肇事"惨案，从黑龙江的"8·5 路虎肇事"惨案，再到杭州保时捷斑马线撞人，在这一起起触目惊心的交通事故中，一条条车轮下丧失的鲜活生命无不刺激着我们每个人的神经，震撼着我们每一个人的心灵。

这些实实在在的人间悲剧，理应对世界作一点危机提醒。但自 2011 年 5 月 1 日起醉驾入刑后，酒驾事故依然大量存在。报载，自醉驾入刑至 2013 年 6 月，仅江西省就查处酒后驾驶 4000 多起，因醉驾拘留 480 人，其中移送检察院起诉的达 258 人。

其实，世界上没有哪一种酒，比醉驾酿祸的酒"价格"更高。因为这种"酒"可以致命，可以让人倾家荡产。

2013 年 5 月的一个夜晚，南昌市某单位李某开车外出与朋友聚会，喝了很多酒。返程中发生车祸，致路人一死一伤，留下一幅恐怖而血腥的图画。事后，他无法计算未知的后果，只好变卖家产和房屋，去支付那笔巨额的赔偿及医药费。接着，公安机关把他带到了他不情愿去的地方。他不但因此判了刑，而且失去了工作。在短短的一瞬间，他便从天堂跌到了地狱。一杯酒，就这样改变了他全家的未来。

人祸竟如此无情。无情中包含着常理：给别人带来不幸的人，很可能正在承受着远比别人严重的灾难。

悲剧种种，种种悲剧。所有这些奇特的故事，又何尝不能叫我们反思呢？

酒本无罪，正如利器，到了歹徒手中便成了杀人越货的凶器，有罪的正是我们"万物之灵的人"。

酒不醉人人自醉，荒谬的酒，浓缩了人间的荒谬。这不是酒的迷误。世界的一切迷误，都是人性的迷误。

我们社会上形形色色的酗酒者，无论是酒神酒仙酒圣，还是酒徒酒民酒鬼酒桶酒汉酒坛酒疯子……都是精神变态、灵魂扭曲的社会病儿。

这病儿只能自救，因为无药。

如果我们不要求一个人首先对自己负责，能相信他还会对别人负什么责？如果我们不要求一个人首先珍惜自己的生命，还真的指望他会珍惜别人的生命？如果我们不鼓励每个个体都努力成为清醒者，那么我们整体合起来又是什么？

遏制酗酒，不仅在于生理，更在于心理。

心理的世界无比广阔。

酒是好好的酒，清澈而温存；世界是好好的世界，充实而空灵。就看你怎么去面对酒杯，面对世界。真正的醒醉是由人不由酒的。

酒给予猴子的欢乐是巨大的。但是，猴子万万没有想到酒也为它们酿造着巨大的灾难。我们走进了猴子开创的巨大灾难中，什么时候才能从这一灾难中走出来呢？

第五章

黄金锁链

酒宴,是何方神圣在挥霍?当每年以数千亿元的公款吃喝铸成一条璀璨、沉重的黄金项链,套在贫穷瘦弱的中国人脖子上时,也许人们感到的并不是美。面对疯狂的盛宴,人们从心里发出的是赞颂?悲歌?还是愤词?在你目睹那一幕幕“酒桌腐败”的场景之后,你将听到社会的回声。

当人们把璀璨的黄金铸成了项链套在脖子上的时候，人们也许没有意识到：我们已准备勒死自己的灵魂。

项链，由锁链——奴隶的装饰异变而来的一种恐怖的美，一种愚蠢的炫耀，一种束缚自己的礼物。但我们应当承认：人类用奇妙的文化抛弃了恐怖和愚蠢，只保留了美、炫耀和礼仪。

据《瞭望》报道，国家信息中心经济预测部有关课题组曾引用的数字显示，仅2004年，我国公款吃喝就达3700多亿元。

2008年4月23日《江西日报》转发了新华社综合消息，商务部18日发布的数字显示，一季度全国餐饮业零售额达3687.3亿元，同比增长23.6%，商务部预计，全年这一数字将突破14700亿元，同比增长19%。全国人均餐饮消费支出将达到1100元。

显然，当奢靡的酒风以每年消费成千上万亿人民币铸成一条沉重的链条，挂在贫穷瘦弱的中国人脖子上的时候，也许人们就再也没有心思去感受美了。

这不是来自高消费的美国、日本的新闻，而是我国1996年《深圳青年》杂志报道的一则消息：深圳龙都酒店，2月25日这一天，以连小费近百万元一顿的晚餐，把深圳的吃推到了疯狂的"档次"。这桌酒宴，足以使历史上荒淫无度的商纣王为之汗颜。

一顿晚餐吃掉近百万元人民币，确实吃出了国人的威风，连洛克菲勒、比尔·盖茨都要羞愧得以乞丐自居了。

在中国，像这种大吃大喝之类的炫富表演并非独幕剧。新世纪以来，我国沿海地区，要用"超今冠古"这个词来形容某一项事物的话，当数这块土地上的大大小小的酒店了。那些豪华高档的酒楼，像漫山遍野的蘑菇似的长了出来。这个城市的政要与老板，请客与接待，已经完全不在乎钱多钱少，而是十分注重面子，他们不求最好，只求最贵。越贵的酒宴越有人吃，越贵的酒就越有人喝。

商家抓住这种心理，店名一家比一家叫得响亮，装潢一家比一家高档，点菜的菜谱越做越精美，一道最简单的西红柿拌白糖，美其名曰“雪山过火”；一盘菜只有两只牛蛙，叫“生死相恋”；一只剥皮青蛙叫“仙女脱衣”；一碟普通的花生豆又名“奉陪到底”；一只烤乳猪，叫“鸿运当头”……其价格高出普通同类菜十几倍。

市场经济的利益性、效益性特征，促使烹饪行业把技术瞄准人们的心理和口味，而当人们口味不断演变时，餐桌经济便从田里、栏里走出来，飞向那广阔的大自然。于是，纵然谷再深，峰再高，也挡不住“淘金者”捕猎不止。2012 年 11 月央视等媒体集中报道的江西省资溪县猎杀、食用野生动物恶性案件尤为引人注目。更令人发指的是这些酒馆都是政府发牌的“三公消费指定酒馆”。

当人们畅于“醉酒当歌”之际，大自然却逐渐失去了往日的生龙活虎、鸟语花香。枪支，赶跑了珍禽异兽；炸弹，使得“鱼米之乡”鱼死网破。畸形的“酒桌经济”，成为暴殄天物的无底洞。

像这样的高、中档酒楼，在深圳市就有 600 多家。这些酒楼，几乎每一家都以豪华的装修、香港名厨主理来招揽顾客。深圳不仅集中了全国的珍馐百味，日、韩、泰、法、越、俄等异国风味也在此荟萃，这令荣国府和大观园中的馔肴也要大大逊色。慈禧太后倘若地下有知，必将抱憾为什么没有活到今天。

在 20 世纪末和 21 世纪初的几年时间里，中国酒业进入竞争的白热化阶段。市场的一体化，使区域界限被网络与交流越来越多、越广、越深地打破，种类繁多的同类商品在市场经济中，被卷入更为直接、更为透明、更为残酷的市场份额争夺战中。中国酒业，一年喝倒几个牌子不足为奇。有的酒，今年还扬名四海，占据着市场的主角，来年却鸦雀无声！价格战、宣传战、品牌战、文化战、团队战，加之仿制战、假酒战……使各类名牌酒在宣传中热销，价格不断飙升。在名牌酒楼里，一瓶茅台酒 1500 元人民币，一瓶名牌洋酒 1800 至 2000 元人民币，一盅鱼翅汤和一盅燕窝汤 150 至 200 元人民币，一盅鲍鱼翅汤 1000 元人民币……如果每席都点上8道菜，再加上名酒、饮料和10%的服务费，每席花掉几万或十几万元人民币，确实是不足为奇的。

如此昂贵的酒，抿一口也要几百元，老百姓喝不起，就是善于经营的香港生意人也不敢问津。

过去说“一顿饭，整头牛”，现在一顿饭简直可以吃进去一部小轿车！可为什么这样昂贵的收费不但没有吓退大陆食客，反而产生了巨大的诱惑力，价钱越贵，食客越多？一位港人酒楼经理向我们透露了这一秘密。

经理：办高级酒店内地比香港更有可为。香港人吃喝比较实惠，并不追求豪奢，而内地却不同。我在内地多年，知道大陆社会特有的“办事”方式：政府官僚机构繁杂，外商到大陆投资，必须层层打通关节，交际免不了喝酒，如果请得没有什么特别，就很难获“赏脸”，所以请，就要高档。

我们：如此高价，谁人愿付？

经理：95%以上是单位来订座。他们大都是合资的，三来一补的，公司的，更多的是党政机关的……相同的一点：都是“公款请客”。

啊，公款请客！是的，花公款总能令人产生一种自豪感。现在有一种说法，叫作“大款不如公款”。不可否定，公款确实是个好东西，永远花不完。一个人要想真正地享受人生，光自己钱多是不够的，关键是要有对公款的支配权，有了对公款的支配权，你就会真正体会到花公款的潇洒与快乐，你就会真正变成一个大大方方的人。因此，一桌吃掉上万元，甚至十几万元，毫不可惜；正因为是用公款，那些名牌酒楼才迎其所好，生意兴隆。1993年4月香港某杂志称：1992年中国公款吃喝破830多个亿，相当于全年国防军费开支的2.5倍。北京有60%以上的高档酒席是开“公款”的。深圳的饭店酒楼平均每天有250万是“公款”报销的。它让人真正体会到花公款吃喝的痛快淋漓！

一名牌酒楼，正门上方悬挂着“XX公司成立周年庆典”的大红横幅。宴会大厅里人头攒动，许多来宾拿着请柬在签到处领取一包包的纪念品。

又一名牌酒楼，正门两侧依次排列着几十个花篮，一条横幅写着“热烈庆祝某某公司成立三周年”。

酒馆内，宴会大厅里，几十张圆桌分序排开，宾客频频举杯。

像这样几百人的大宴会，一次又不知要吃喝掉多少公款。

有人统计，目前深圳市仅企业单位就有2万余家，如果平均每家每月请一次客，吃掉2万元公款，一个月就是4亿多元。在吃喝风盛行的今天，一个月就仅仅一次么？

但倘若以为这样的用公款大吃大喝只是发生在经济特区——深圳，那就大错特错了。从绍兴咸亨酒店到广州中国大酒店，从满汉全席、清宫御宴到大江南北的街头酒摊，无处不可以看到贪婪的黑口。

有人说，吃一次满汉全席，品尝一回“当皇帝的感觉”。这是一种“先进文化”，还是一种“后退文化”？吃了满汉全席享了口福之后，是不是还要享“三宫六院七十二妃”，外加“后宫三千佳丽”的“性”福？

外国人称誉中国为“文明之邦”。可就是在这个“文明之邦”，如今观念更新，又出了新的说法，把“文革”中最流行的一条语录“革命不是请客吃饭”，变为“革命就是请客吃饭”。

“请客吃饭”都成“革命”了，还能不去“参加”？于是，在今日之中国，到处都在“请客吃饭”！上级部门来人检查工作要吃，下级单位来人汇报工作要吃，对口协作来人联系工作更要吃！一家公司开张要吃，一个单位解散也要吃！工程开工要吃，工程验收要吃，工程竣工更要吃！一位干部调走要吃，一个干部调来也要吃！还有各种各样的订货会、展销会、博览会、鉴定会、联谊会、工作会、学习班，也每每在杯觥酬酢、佳肴美酒的欢宴中聚散。

政治是一场关于权力、利益分配的狂欢，而且是少数人的狂欢。民间有句顺口溜：如今当官的，“早上轮子转，中午盘子转，晚上裙子转”。当然，“轮子”是轿车下的，“盘子”是酒桌上的，“裙子”是舞池里面的，这样一天到晚都在“转”的欢乐日子，是多数人能享受到的吗？

2007 年 1 月 22 日，《楚天都市报》刊登的一条消息：河北省财政厅派人到鄂西北某县级市进行调查，发现这个接待费控制得较严的县级市，一年的接待费支出仍高达 1800 多万元。其接待对象主要是三部分：上级来客；本市干部“互相接待”；“自己接待自己”。一个接待费控制得较严的县级市，一年吃喝费用就达到了 1800 万元；可想而知，那些控制得不严的县市，一年吃喝的费用又有多少呢？

同是 2007 年，河南信阳市曾在所辖区内下发禁酒令，严禁公务员在工作日的中午喝酒，半年时间，全市招待费同比节约 3%，仅酒钱就节约近 4300 万元。公款喝酒耗费钱财之巨，由此可见一斑。

有人说，如今形势好了，日子富了，再不是几十年前的中国。其实不然，中国的食文化恰恰是因为中国人总是吃不饱才发达起来的。越穷越奢侈，这可从古代服装领悟到。古代有身份的人无一例外都穿着宽大得离谱的衣裳，裙子长得拖地，袖子宽得足以装下两个人的腰。为什么？因为当时衣料太缺少。你看，靠手工纺织，不说把那么细的蚕丝用手抛梭子，一下一下要抛多少次才能织成一厘米。这么珍贵的布料，你能把衣服做得宽大，就是你占有财富的象征，越宽大也就越高贵，越美。终于宽大得让人起居行走都困难。于是，吃就成了一件了不起的大事。因为是大事，再穷也得吃！在还没有解决温饱的 20 世纪末，吃喝之风早已开始风行了。公款吃喝之风尤盛，且名目繁多、呼朋引伴：上级检查工作要喝，兄弟单位来参观、学习要喝，开会要喝，逢年过节要喝，招商引资要喝……

1989年9月下旬，河北省城市抽样调查队对13个市、县的35个宾馆、酒店、招待所进行了一日实地调查，在一天之内就有214家单位设筵摆席411桌，平均每个酒店有6个单位摆席11.7桌，花公款8万余元。更有甚者，西北某市举办的一次会议，一桌酒席竟花去人民币30多万元。这时候在陕北某些农村，农民兄弟的平均年产值不过120元。也就是说，这桌宴席就挥霍掉了一个农民24年半的产值。过去所说的“官家一餐饭，百姓半年粮”。又何止半年粮呢？这一顿饭够一位农民吃上300年！

开会为什么？有人用四个字做了总结：“吃、喝、玩、拿。”一些人专门想参加不办正经事的会，就有人专门召开“吃喝玩拿”的会。

上海某仪器厂曾经召开了一次别出心裁的新产品鉴定会。参加会议的代表“上海报到，黄山开会，深圳结束”。与会者每人缴500元会务费，食宿自理，会议组织者向每位与会代表馈赠一架“傻瓜”照相机。

一切荒唐的构想都与酒连在一起。在先富起来的浙南温州，吃厌了山珍海味，包括活吃猴脑之类的食客们，又想出了“猎奇”的新花样——吃“人体宴”。还有更实惠的，当众宾客酒醉饭饱之余，最后用盘子端上来的“菜”，是每人进口手表一块，或每人“大团结”一叠。公款就在腰包里，大胆地、策略地、高明地花，其包含的学问可大了。

傲慢的权力意识，在长期缺乏有效监督的环境下，无限膨胀。1993年，烈日炎炎的广州大厦，出现了一个比天气更热的新闻：广州推出了“黄金宴”，挥金成“肴”，吃“黄金菜”，喝“黄金酒”。据报道：7月1日至8月13日，广州酒家推出的“黄金宴”，共有两种价格：甲种每席2980元人民币，名为“纯金刺身宴”；乙种每席3980元人民币，名为“黄金鲍翅宴”。这场面，就是当今世界上最富有的国家，也难以望其项背。

“千里去做官，为了吃和穿。”几年前就有专家学者指出，我国行政成本不但远远高于欧美发达国家，而且高于世界平均水平25%。

瑞士,可算是当今世界上的首富。但瑞士人在花钱方面却十分注意精打细算。一次,一个国际性的高层次学术会议在瑞士召开,会议期间,东道主每天仅向与会者免费供应一杯茶。这种近乎吝啬的理财精神,在瑞士成为风气,国民也以此为荣。

斯德哥尔摩大厅,晚宴正在举行。客人们在向诺贝尔奖获得者祝酒。

步出餐厅的晚宴参加者,在向服务台付宴会费。

在法国,无论是家庭宴会还是盛大的宴席,餐桌上从不供应烈性酒,主食是法国面包。出席有关国家部门的宴会的人,也都一律自己付钱。而瑞典每年在首都斯德哥尔摩大厅为诺贝尔奖获得者举行的晚宴,与会者也都自掏腰包。

2007 年 8 月德国总理默克尔访问南京,29 日她和随行的工作人员一道在大厅用自助早餐,自己到餐台取食物,一不小心把面包掉在地上,她竟将面包捡起,放回自己的盘中。贵为一国总理,竟如此"吝啬"地将节俭进行到底,给在场的中国人极大触动。难道我们国家的物质丰富程度已超过了上述国家吗?只要稍做对比,便可一目了然。以德国为例,1991 年,德国人均国民收入已达 21475 美元,而我国仅几百美元,反差是如此巨大!

美国人在吃饭方面更"抠门",不仅把盘碗里的食物吃干净,甚至连沾了食物的手指都要舔舔。中国几名记者曾到位于俄亥俄州的世界最大的玻璃纤维厂采访,中午老板在厂里请他们用餐,每人面前一个盒子,就装着一个汉堡包和一罐可乐。美国缺钱、缺粮吗?不,这是一种文化和时尚。

也许越穷越惦记吃,越不阔气越想摆阔气,才形成这股酒汛,刮起一种席卷全国城乡的酒潮。而且越到下面吃喝得越凶。

新华社"新华观点"记者在 2004 年 7 月 12 日《检察日报》上发表了一篇报道:在革命老区广东省陆丰市有一家在粤东地区赫赫有名的"人民大厦",以高档次、超豪华的"吃喝玩拿"服务,吸引着当地及附近的一些领导来消费,最高的一桌酒宴吃了15万元,还有小姐陪客。这15万元是当年一个农民10多年甚至毕生的血汗,是两个以上穷孩子从小学到大学的所有费用,是人均GDP不到4000元的陆丰市37名市民的年收入。当地百姓怨声载道,说这些干部真是辱没了"人民"两个字。

一位从粮食局下岗在"人民大厦"附近揽客的"摩的"司机说得辛酸:"我一个月没日没夜地跑才挣800元,还不够他们点一个菜。"

历史的经验不止一次地昭示世人,一个国家的财富在一定时期是一个常数,如果官员穷奢极欲,那么多数民众肯定要"穷困潦倒"。陆丰,是革命斗争时期农民运动领袖彭湃创建红色政权、与先辈们战斗过的地方。21世纪初的经济和社会发展都很落后,群众还没完全脱离温饱的恐慌。但就在这样一个穷地方,却发生了这种令人扼腕的官员豪吃风。

这种豪吃风,对党和政府公信力的影响至为恶劣。许多群众聊起在"人民大厦"吃喝的官员时,都是深恶痛绝。

中国很多人富裕起来之后,很快陷入生态紊乱,不知道怎样过日子了。据2006年6月27日《检察日报》报道:陕西省乾县王村镇大王村曾被咸阳市命名为"小康村",集体经济发达。可这份家产却成了新上任的村干部挥霍的本钱。几年下来,集体财产全化为村干部杯中的酒,好端端的一份大家业就被喝光了。在他们上任的8年间,村干部报销吃喝费用共1999顿,平均每年250顿,其中有一天他们竟然吃了6顿。除了吃喝还有烟酒。8年共买烟25253盒,平均每年3000盒,每天8盒多;买酒4890瓶,平均每年610瓶,平均每天将近2瓶。8年间,该村集体账目中出现的问题白条、票据装了整整一麻袋,其吃喝数额达百万元以上。

村干部是最基层的干部,本不属国家编制,不是"官",连"苍蝇"也算不上。但由于他们也拥有一定公共权力,又经常直接地与老百姓打交道,在群众中造成极坏影响。人们对他们的问题,就如同眼睛中掺进了沙子,特别难于容忍。

从而直接损坏了政府形象。

“坐吃山空”，一个村支书可以吃败一个“小康村”，那么，全国上下的大吃大喝，就不会吃败一个国家?!

透过“村支书”这个微小的政治细胞，我们可以体察到转型时期中国乡村的基本状况。这些“苍蝇”，比起“老虎”来数量大，传播病毒范围广，其危害面更大、更深。

贫困的盛宴，不仅挥霍了大量社会财富，而且败坏了社会风气，乃至成为滋生腐败的温床，最终必然阻碍地方经济的发展，形成社会不稳定的隐患。故时任总理的温家宝在2012年3月26日国务院召开的第五次廉政工作会议上提出：执政党的最大危险就是腐败。

那些熙熙攘攘的酒楼，是宣泄欲望和热情的生命所在，确实具有不可抗拒的诱惑力。但在这种诱惑力之后，还潜存着另一股更为强烈的吸引力——借喝酒以饱私囊——捞！陈敬庄村干部一年吃掉十几万，大部分都是白纸条下的账，其中奥秘，只有天知地知，谁喝谁知了！

2011年，时任总书记的胡锦涛在“七一”重要讲话中提到了党目前有四个危险：精神懈怠的危险、能力不足的危险、脱离群众的危险、消极腐败的危险。对每个领导干部而言，这些危险都无处不在。只是一些人看到了，一些人警惕了，一些人没有警惕。

“中国式”的大吃大喝这一腐败现象，曾使有“亚洲四小龙”之一美称的韩国人目瞪口呆。韩国通商会长一行，于1989年初先后来到我国的天津和长春等地洽谈生意，所到之处，迎送接待的吃喝规模，使他误认为来到一块富得流油的国土。

天津。某酒楼举行的盛大接待酒宴。

作为风俗画看“公宴”，我们的国家确实称得上是个富得流油的“超级大国”了。如果不是富裕怎么能这么财大气粗？据一位政协委员说，由于餐桌上美味佳肴太多，一些菜连筷子也没有动，就整盘倒进泔水缸。“朱门酒肉臭，路有冻死骨”的社会被推翻了，“宾馆酒肉臭，路有骂娘声”之状，如不消除，谁能担保它不会变成政治炸弹？什么时候我们的官员能知道敬畏百姓、贴近人民?!

西方发达国家的人花上百、上千美元到中国来旅游，居然“小气”到用面包将碟子里的菜汁沾了吃掉，吃惯了汉堡包和快餐的法国人，满足于用面块去蘸、抿盘中剩下的汤汁。

在美国，酒馆中不准劝酒敬烟。酒馆规定，进餐者如果盘子里剩下食物，不仅不能兜着走，而且要外加3美元罚款以示惩戒。

在日本，一家酒店则规定，凡在该店用餐无剩余酒菜者，均奖给50日元。

那么，我们这块国土，是否真的富饶得流油了呢？请看下面一组数字：

据2006年公布的首次全国经济普查得出的结论：我国经济总量已跃居世界第六位，但人均GDP排名仍在世界第一百位之后；有数据表明，到2011年底，全国农村居民年人均收入仅5919元，至2012年，全国仍有1.22亿农村扶贫对象，几千万城市低保人口。尤其这些年来，我国的“基尼指数”一直处于高于0.4的水平，不同地域、不同阶层公民财富的拥有量，出现了很大的差距。尽管近几年在不断缩小，但如果以联合国规定的每天人均收入1美元为最低贫困线的标准，我国的贫困人口数量比我们通常统计的还要增加好几千万。在这种国情下，任何公款吃喝、浪费都是在挤占弱势群体的生活资源，都是在扩大社会的裂痕，都是对“权为民所用”的否定！

然而，让人无法理解的是，这种大吃大喝还常伴随着一个怪圈，越穷的地方越吃。

这是山海关外的L县，用当地干部的话说，是在联合国能“挂上号的困难户”。说起来令人寒心，该县松子乡几所小学的100多个教室，竟没有一块标准黑板，教师上课写几个字就得擦去，否则就无法再写了。穷到这个份上，主人还满口豪言：“再困难也管得起一顿饭。”

“打肿脸来充胖子”，是中国穷汉爱好虚荣的一种变态心理。

肚子里真正有油水的人，是用不着在门框上拴根油布条，出门时擦擦嘴，表示“俺刚吃了一碗红烧肉，香得很”的！

据《人民日报》报道，2013年5月某省招商团赴港招商，在香格里拉酒店举行了早餐会。一位参会的香港企业家透露，参加者共约40人，花费约4万元，人均1000元。这位身家亿万的企业家不禁感慨：“一顿早餐花1000元，我不掏钱都觉得心疼”。

谈到招商喝酒，一些领导总强调招商是大事，该花的钱一定要花。可这是“该花”的吗？一顿早餐上千，一瓶红酒过万。地方政府出手如此阔绰，如此奢侈，却让人感到不可信、不可靠。客商担心这些今后要常打交道的头头脑脑不好伺候。一顿豪华酒宴，反让项目泡了汤。

古人云：奢则肆，肆则百恶俱从。在大多数人眼里，奢侈招商凸显的不是一个地方的热情和诚意，而是极大的不安全感和不可信任感。可悲的是，我们一些领导至今还不清醒，喜欢在招商中搞“例外”，大手大脚花钱不眨眼，引不来金凤凰，却把原因归结为“没把客人招待好”。

在西方记者笔下，中国是“公费消费的天国”。在这个“天国”里，私人掏腰包玩不起的，可以在名目繁多的花公费的名正言顺的场合理直气壮地得到补偿与满足。“团结你我他，都来吃国家”，这是一种可以称作“中国式的”特殊消费方式。有人做过统计，2011年，全国吃喝的费用，远远超过了4000亿元，相当于我国三年科教文全部事业费的总和或三个长江三峡工程。

据报道，全国“希望工程”基金一年不过18个亿，而其中13个亿是港澳同胞的捐款;“扶贫工程”基金也不过十几个亿,比起全国一些“公仆”们一年的吃喝公费,那真是区区小数,不足挂齿。法国上万元的名酒,第一消费国就是中国。

有媒体报道:在时空轮转到新世纪第三个年头之初,西安市冒出天价宴席,12 个人吃一顿饭竟花去 36.6 万元。在当今这个“盛世大联欢”的时代,穷奢极欲的炫富之举,深藏着人性的贪婪、奢靡、无聊和虚荣。这种虚荣形成一个吸力越来越强的“黑洞”,它吞噬的是一块贫穷大地的膏泽,一个贫穷民族的骨髓!它伤国体、损国民、逆民意、蚀国魂!

没有人厌倦那种与口舌需要相去甚远的奢华吃喝。在逼近 20 世纪末的 20 多年时间里,中央为制止用公款吃喝的文件不知下发了多少,可公款吃喝的费用却不降反升,从 20 世纪 80 年代的每年 1000 亿元飚升到如今的每年数千亿元。

“一紧一松,越吃越凶。”这就好比没有抗生素杀死的病毒,死灰复燃后往往比以前更顽固,“抗药性”更强,从而以变本加厉的形态呈现出来。上海有位监察局局长告诉我们,1994 年国家有关方面发了 36 个不准吃喝的文件。但是,这 36 个文件却无法管住一张嘴巴,无法阻止贪官“前腐后继”,踏进腐败河流。据有关部门统计,就是发了 36 个文件的 1994 年,上海吃了 100 个亿;泱泱大国,数据更辉煌,公款吃喝耗资数千亿元。这数千亿元都是投进了一张嘴巴。这张嘴巴,犹如一个看不见底的深洞,人民的血汗日复一日、年复一年地填进去,永远也填不满这个无底洞!

公款吃喝已成为一大社会公害。对此,上至中央下至百姓,一片鞭挞之声,相关部门的反腐利剑也频频亮出。然而一些酒楼餐厅依然门庭若市,各种名义的公款吃喝行为愈演愈烈。“上有政策,下有对策”,可说是当今中国人的拿手好戏。

你看,文件规定“四菜一汤”,他们就瓢打盆装;文件规定不得喝酒,他们便变换包装。“喝茅台撕商标”“矿泉水瓶装白酒”“红塔山”盒里藏“熊猫”，已成为不言之秘。不仅烟酒，连人也换包装，“不开公车，租车赴宴”已成为“新时尚”……

禁酒的“硬政策”，遭遇到“软抵抗”。有消息自武汉来，上级规定，享受超过300元时，征收“筵席税”。宴请单位遂与酒店勾结，在发票上做文章，500元一桌的公款吃喝，分开两张发票，每张均少于300元。有的则变换名目，以“培训费”“差旅费”“住宿费”等入账；或以个人名义结账，将公款宴请美其名曰“家宴”。

更有讽刺意味的是，中央下文件禁酒，个别地方却下文件喝酒。河北省汉川市政府办公室2006年4月下达喝酒文件。这份红头文件给市直机关包括乡镇在内的105个单位下达“喝酒任务”，指令他们全年喝掉总价值200万元的“小糊涂仙”系列酒，连市公安局也下达了2.5万元的喝酒任务，让公安民警醉醺醺地办案，醉醺醺地值勤，公安部颁发的“五条禁令”也被他们废除了。他们还制定了激励“喝酒先进”，鞭策“喝酒后进”的政策措施，完成喝酒任务的给予奖励，完不成喝酒任务的通报批评。把“喝酒任务”，当作政治任务。

就在党中央“八项规定”“六项禁令”出台后，尽管公款吃请之风得到了明显遏制，但有些公宴仍以各种形式走到暗处，从开始的内部招待所到现在的驻京办，或“不对外营业”的私人会所，都成了公款吃喝的隐身之地。据媒体报道，有些单位内部餐厅装修之精、标准之高，堪比五星级酒店。还有一些公务宴请化整为零，“隐身埋名”，宴请单位成了一些酒楼最大的机密。甚至，有的单位为了用餐“保密”和“方便”，还专门邀请酒楼的高级厨师去单位食堂“走穴”烹饪，一般情况，每桌价位都要8000元到10000元不等。此外，酒店还要在原基础上再加10%的服务费。毫无疑问，如果不从根本上扭转部分党员干部不良观念，纵然高档酒楼“门前冷落车马蹄”，也会有新的变通之术将中央规定“架空”。

当前，老百姓对公款吃喝恨之入骨。于是，出现围堵公款吃喝者现象。江苏2013年4月19日泰州“下跪门事件”，就是豪华宴请遭到上百名周围群众围堵，把“偷食者”逮个正着。这种“非同寻常”的民主监督，是在正常的监督缺席的情况下出现的。而在官场的“潜规则”中，并不认为这有什么错。要不，这场“公款吃喝”不会转移到“内部接待中心”去。

当“大吃大喝”成为社会的舆论导向和官员们的普遍向往之时，隐匿或潜伏的却是危机。

为了减少名酒价格双轨制带来的倒买倒卖和以酒谋私的腐败现象，刹住公款请客送礼奢侈浪费之风，国务院早于1988年便果断地决定开放名酒、名烟价格。这是个非常得人心之举。

然而，虽然名酒开放后的起点价格已高到了吓人的程度，但是，造成社会对名酒庞大需求的土壤、气候没多大变化，因而对名酒的这种特殊需要，并没有从根本上得到抑制。

名酒开放供应后，并没有成为群众的消费品。机关、企事业单位反而因为在国营商店买酒“名正言顺”而大量抢购，成了公款请客送礼的“敲门砖”。他们不怕价格高，就怕买不到，反正是花公家的钱。据说生产名酒的工厂赚了大钱，经营名酒的国营商店也赚了大钱，倒卖名酒的“倒爷”赚了大钱，国家税务部门也是赚了大钱，这钱究竟是谁的？如果算到最后，谁都不掏个人腰包，只不过是从财政部的这个口袋倒到那个口袋罢了。

1989年10月16日，国务院为制止单位、团体抢购名酒，又赶制政策，公布了一项关于严格控制社会集团购买力的决定，并正式将13种名酒纳入了控购范围，下了一道“硬闸”。

但是，一些人早就听到风声，想出了对策。你不让买名酒，他就买二名酒、三名酒。尤其是这一政策出台后，名酒开始大量流入宾馆、酒店。于是，中国人又发起了“思古之幽情”，借“纪念”或“节日”一类老规矩到宾馆、酒店来大吃大喝一番，吃得越丰盛，纪念将越隆重。

政策在对策面前终于一筹莫展，或者望洋兴叹。限购，让中国不声不响地迈向了权力经济。

当今中国究竟有多少个节日，一时半会儿恐怕谁也说不准。据悉，仅国家有关部门“定”的作为旅游项目的节日，就不下 130 个。此外，还有各种传统节日。

新华社报道：2007 年 8 月 6 日晚，中国大连国际啤酒节在大连星海广场落下帷幕。其间，共有 200 万人次畅饮啤酒，现场销售啤酒 1800 余吨。多么壮观的场面！

于是，“文化搭台，经贸唱戏”，月月有节日，周周做纪念，喝得山呼海啸。许多节日凝练成一种重复式的纪念。这些太重功利的各类节日，演变成了一种“比规格，拼阔气；求气派，讲门面”的酒宴聚会，神州大地到处都在庆祝和狂欢，如花绽放的焰火、鞭炮，取代了百年前沉沉的硝烟。

在各种各样的“纪念”“节日”中，最铺张、最广泛、最热门的，则又属各单位自己搞的庆贺会了。1996 年 6 月，某制药厂办厂庆，请来外地和本地干部 200 多人，一次摆酒席数十桌，花去公款 14 万多元，购买礼品发放又花去 20 多万元，厂庆的宴会大厅，张灯结彩，杯盘琳琅，放眼望去，有一种千杯万盏的豪奢。其场面，组成了一幅新闻浮世图。

这种过度的宣扬，过度的庆贺，过度的渲染，像某种膨化剂让公款吃喝急剧膨胀。

过度的背后是因为贪欲，这种永远不会停止的世俗表演，助推着公务用酒日益高档化、公开化，从而引发出国内高端白酒价格如“脱缰野马”成倍飙升。

官场追捧什么酒，什么酒就热销。从 2006 年开始，茅台以平均每年一次的频率提价。“逢节涨价”是茅台的习惯动作。2010 年 1 月，茅台酒厂推出了“限价令”，规定在专卖店的售价不得超过每瓶 959 元。但“限价令”反而成了市场疯涨的兴奋剂。到年底,飞天茅台酒实际零售价每瓶已逼近 2000 元的大关,十年之内涨了 10 倍。五粮液、水井坊、国窖 1573、洋河梦之蓝等一批白酒身价,也“腾云驾雾”,迅速进入“千元俱乐部”。

高端白酒价格“疯涨”,吸引了大量社会资本进入这个市场炒作,进一步制造了市场的泡沫。同时,给其火上浇油的还有收藏市场。2009 年,一瓶 1959 年的茅台酒在北京拍卖成交价还只是 28.56 万元,可到了 2010 年年底,在杭州的中国陈酒拍卖会上,一瓶 1958 年的茅台竟然拍出了 145.6 万元的高价。随后在南京的拍卖市场,一箱 1985 年的整件茅台也拍出 130 万元的高价。据 2007 年 8 月 28 日《江西日报》报道,2007 年 6 月 2 日,在深圳银基国际发展有限公司十周年庆典大会上,一瓶五粮液拍出 380 万元的天价。

茅台等高端白酒“耍酒疯”的背后,涉及腐败的暗流涌动,已成了“公开的秘密”。2011 年初,媒体报道了中石化广东分公司花费近 159 万元购买高档名酒之事。这一“天价酒”事件,其根源在于官场的“奢侈风”。2006 年 7 月 8 日《江西日报》报道,茅台酒专卖店和经销商均相继缺货“歇业”,尤其是 15 年以上的陈年茅台更是令消费者无处可求。经销商和消费者的车辆经常挤满了茅台集团办公大楼前的广场,但几乎都空手而归。那茅台酒到什么地方去了呢?

据市场人士估计,每年只有约 20% 的茅台酒进入了大众消费市场,剩余八成茅台酒主要用于党政机关和国有企业招待、送礼等人情消费。一些官员讲排场、比阔气,吃则山珍海味,喝则 15 年、30 年陈酿茅台。从而,使高端白酒成了公款吃喝的“公务酒”和高档礼品的“受贿酒”。

据市场知情人士透露:“茅台年份酒”的营销策略就是“专供领导”,比如 80 年陈酿茅台是给某某级别领导喝的;50 年的是给某某级别领导喝的;30 年的是给某某级别领导喝的;15 年的是给某某级别领导喝的。从某种意义上说,茅台已成了“身份的标志”和公款消费的代名词。

胡润先生于 2012 年初发布的报告显示,茅台与路易威登等国际品牌大佬,同现 2012 年全球十大最值钱的奢侈品牌榜，这是中国官场的耻辱，毕竟茅台“入奢”是拜托公款消费，且担当着腐败的“敲门砖”。

“除了富豪和公款消费外，普通人喝不起。”胡润先生在接受《证券日报》记者采访时如是说。深圳市委书记王荣也曾经一针见血地指出：“如果不是公款消费，茅台价格绝对不会如此高。”这说明公款吃喝是茅台最大的主顾，也是茅台价格一路走高直至“入奢”的幕后英雄。

买的人不喝，喝的人不买。茅台在成为奢侈品的同时，也成了一种“身份需求”引发的特殊腐败现象。现在一些商务宴请和官方接待动辄都用茅台、五粮液，否则显得没有档次。因此有人说，茅台酒成为奢侈品不可怕，可怕的是茅台始终是特权豢养的“小三”。它不仅让政府的亲民形象越走越远，还让一批官员在“礼尚往来”中滋生更多的腐败。所以，国民愤怒的不是奢侈品，而是消费这种奢侈品的方式。大家知道，政府以及垄断国企能以无限的能力和资金享受到茅台等高端白酒，而普通民众则要紧衣缩食才能目睹其“天颜”。

2011 年 1 月 15 日，西南地区某个军区的一个话务连以及来自军队各部队的 8 个基层单位，与茅台集团建立了“军企共建”关系。活动中，强调茅台酒将逐渐成为“人民军队的壮行酒、壮威酒、庆功酒和军魂酒”。这是一股什么风气？如果武装力量也像官场那样大吃大喝，我们的国家叫谁去保卫？这是一种不可思议的腐败，而且这是腐败的公开化，是不正常中的不正常。

显然，“茅台问题”就是一个腐败问题。著名经济评论员叶檀认为：“茅台酒的价格指数，在一定程度上可以视为腐败指数，其价格越高，说明腐败交易成本愈高，腐败现象也越严重。”

说到底，茅台“入奢”很大程度上是公款消费下的“虚肿”，完全可以视为一种腐败信息，为反腐倡廉敲响了警钟。因为，没有谁愿意华夏沃土沦为一个被“茅台”绑架的腐败王国！

名酒价格这么离谱,其根源自然在官场。官场腐败,导致了商业的畸形发展。中国社会吃喝风如此之盛,盛到了叫人难以理解、难以置信的程度。这些年来,全社会都开始喝酒了,大街小巷的酒楼、酒馆、酒吧天天爆满,每座城市都浸泡在酒缸里,很难找到一块精神的栖息地。

"酒是粮食精,越喝越年轻;酒是粮食精,此物最有情。"也不知谁发明的这句话,听着那么美妙,实际上是:"一杯两杯下肚,一顿接一顿呕吐,一年比一年胀肚。身体发福,健康受苦。"在公款吃喝风日盛一日的影响下,酒文化早已变了味,酒场变成了"战场",小酌变成了豪饮,一些公职人员成了这个没有硝烟的战场上的"牺牲品"。民谣云:"小小酒杯真有罪,喝坏了党风喝坏了胃。"

2009 年 12 月 16 日《北京晨报》报道:深圳宝区西乡交警中队警长陈录生与当地麻布村领导"会餐",结果,因喝了大量洋酒而窒息死亡。为安抚其家属,交警中队向上级请求认定陈录生为因公牺牲,申报其为"烈士"。

江苏省某县一位副县长在宾馆陪上级领导喝酒,因喝得太多而昏迷,送医院抢救无效死亡。其家属向县委提出,死者本来身体很好,就因为几年来,陪客人喝烈性酒太多,才得了肝硬化,他的死完全是因公牺牲,组织上应评为烈士。

"酒烈士"这个名称,也许可以列为中国的"第六大发明"。古今的烈士,都是死在卫国的疆场,死在敌人的刑场,死在为人民谋利益的征途中……而死在豪华宴席上的贪杯之辈,竟也想染指"烈士"之荣誉,实在令人可叹。

千万别以为上述的例子是荒谬至极,在此之前的 2008 年 3 月 11 日大河网披露了这样一件事:河南信阳市新县人口计生委的一把手,党总支书记、主任郭世忠因参加公宴醉酒,于 2 月 27 日凌晨抢救无效死于医院。2 月 28 日,新县县委发文追授他为"优秀共产党员";同日县政府做出追记郭世忠个人三等功决定;2 月 29 日,信阳市人口计生委向全市人口计生委系统发出向郭世忠学习的文件,号召全市上下向郭世忠学习,争做郭世忠式的好党员、好干部。同时,县里还组织了一班"笔杆子",撰写了一篇题为《如山情怀铸国策》的追记通讯,逐级上报。利用广播、电视、报纸、举行报告会等多种形式，大力宣传郭世忠同志的先进事迹。

成为先进典型的郭世忠，其出殡的规格，在新县可谓史无前例。县委、县政府当即召开常委会议，专题研究部署郭世忠治丧工作，除县委书记、县长等在县城的全体县处级领导亲自参加其追悼会外，还向全体计生工作领导小组成员单位、各乡镇发出通知，要求主要负责人参加追悼会。

你看，这是送葬的队伍，共动用各种车辆近百辆，公安干警护路，送葬者400多人，光花圈就拉了好几大汽车。一幅相当富于时代感的画面！

网友发微博讽刺说：饮酒致死记三等功，那么嫖娼致死是否应记一等功？搞笑啊，就差追认为“烈士”了！“喝得伟大，死得光荣，不做烈士太可惜了！”陈世忠躺在棺材里，可能听不到这些议论，更不知道穷奢极欲的吃喝之举最终害了自己，可惜他已经没有机会改正错误了。即使出殡再壮观，也难挽救生命于复活，只能引来百姓的一片骂声。

任何一个人一旦与“酗酒”联系在一起，其况味便难免辛酸沉重。然而，一个在官场里厮混了一阵的政客，亦不可能具有真正的悲剧感悟。因此，身边的经验教训很难被人真正吸取。所以同样的错误才总是不断重复，只不过是时间、地点稍加改变而已。这实在是很值得玩味的。

漫天的浮躁并未消退，酒宴一幕比一幕热闹，其奢华场面与“文化”二字渐行渐远，与浓浓腐败味、蠢蠢愚昧态，烈烈谄谀风越走越近，特别是在公款消费的助推下，官场上的饮酒之风可谓登峰造极。

这里是北京，古老而又鲜活。她不仅是新中国的首都，也是辽燕京、金中都、元大都和明清的京都。北京人的大气与燕赵遗风，或者说，与中国北方的豪雄之气不无关系。这些人文地理，注定了这里人的血性和豪爽，“大碗喝酒，大块吃肉”是少不了的，不管走到哪里，迎接你、等待你的都是酒。

作为中华人民共和国的首都，北京是一个集政治、经济、军事、外交、科技、文化、教育、体育、信息等各种中心于一身的全能型城市。这里有最大的党政机关、最大的金融商业机构、最大的科研单位、最大的大专院校、最大的信息网络……当然,也有最大的酒场。在这座城市里,酒楼林立,海鲜都是空运,蔬菜一年四季都一样鲜嫩。每到下班时间,从许许多多单位的大门里,就会走出许许多多的机关干部,向那些他们常常光顾的大大小小的酒楼走去。每当这个时候,酒楼门前已停满了食客的小车,甚至找不到停车的位置。到处都呈现着“酒楼爆满,夜夜笙歌”的情景。

几年前,北京市“两会”上群众反映最强烈的一个问题——机关干部公款吃喝风。“最低消费”现象作为餐饮等行业的陋规,10 年前就成为社会各界诟病的话题。时过境迁,如今人们似乎已习惯于“被”最低消费,坦然接受了这种不公平的“霸王条款”。2013 年 1 月 29 日,《光明日报》记者张玉玲通过对京城餐饮业“最低消费”现象调查,以《“最低消费”背后的玄机》为题,披露了“最低消费”的种种“见怪不怪”的现状,让人们从中看到“最低消费”已在异化,推高了“畸形消费”,助长了奢靡之风。

北京有不少著名的高档喝酒场所,人均一餐“最低消费”少则 1000 元,多则 5000 元。10 年后的今天,这种“最低消费”已推高到原来的几倍乃至十几倍。一些以“会所”和“俱乐部”为名的包间,把“最低消费”推到了一万元以上的新高。

在北京三环一家高档酒楼,记者看到菜单上的价格高得令人眩目,250 元以上的菜比比皆是,一碟小凉菜也在 50 元左右,海鲜更是贵得让人咋舌,辽参便宜的 388 元一份,贵的 688 元到 888 元一份不等。菜单上的每一道菜都会讲故事,道出“贵”的理由:阿拉斯加雪鱼、澳洲龙虾、日本神户牛肉……所有食材都欣欣然漂洋过海,不远万里走入爱摆谱的中国食客的“嘴里”。

北京是全国鱼翅最大的消费市场,每天干鱼翅的消费量在 5000 斤左右,粗略计算下来,北京地区每天的鱼翅消费额是 1 个亿。这种畸形需求为鱼翅造假提供了土壤。工商部调查发现，不少酒楼用合成的淀粉冒充鱼翅，一些无良商家甚至把明胶和有毒的东西合成所谓的鱼翅，使顾客在欺骗下高价购买餐桌上的“毒药”。

在这里，酒更贵得惊人，高档白酒在1000元左右，15年的茅台标价8000元；红酒的价格同样不低，看不懂名字的“洋品牌”，一般在7000元左右，号称“拉菲”的在1万元以上，有的甚至特别注明“某某年限量生产，这一年阳光最充足”，其价格自然不菲。没有人去考究那一年欧洲的某个小镇是否真的阳光充足。但却有人愿意为这样一个“噱头”买单。

一位外地干部去北京办事时走进一酒馆订座，服务员告诉他“最低消费2000元”。他心想有鱼有肉，环境也不错，2000元不算贵。可买单时服务员说，一个人2000元，5个人得1万元。那顿饭，让这位干部“终生难忘”。

酒，已被异化为助推腐败、助长浮华的替代之物。华灯初上，京城夜晚上演的一出出“饭局”，吃什么，和谁吃，请客和被请客的都各有想法，微妙得很。

请客的人并不怕贵，他们追求的是“面子”“档次”和“环境”。在那些高档酒楼，服务员就是“面子”，她们都是清一色的漂亮小姑娘，迎宾的要求身高1.7米以上，有的高档酒馆还号称均按“空姐”和“模特”的标准挑选和培训，衣着惊艳，这本已过度，但更过度的是她们充分暴露的皮肉，且还要能为客人陪酒敬酒，能和客人联络感情，争取“回头客”。

要“环境”，高档酒楼要么选在公园附近，变公园为“少数人享用”的场所；要么选在高楼上，能尽览京城美景；要么改造四合院，图的是“古色古香”。近年来，各地都有名胜古迹、风景区等卷入高档会所的风波。2012年冬，北京东城的两座古寺也在修缮后变身一中一西两家高档会所。

一万元的“最低消费”到顶了吗？没有最高，只有更高。媒体曾曝出某“内地第一明星会所”一个四合院一天“最低消费”18万元，令人瞠目结舌。18万元究竟能消费什么，谁去消费，给了读者无限想象的空间，也让人们议论纷纷。

毫无疑问，这个会所已向社会传达了一个信息——这里是高消费的场所，没有钱就不要进来；到这里来，得有金钱、地位和“面子”。这当中，难免藏有不少的“老虎”。

长期以来，“行贿受贿要不得，吃吃喝喝没问题”的观念在一些干部中盛行，他们把酒桌危害看得太轻，认为只要利益不装进口袋，就不算腐败，吃了喝了揪不着，抓不住。于是，“端起了酒杯，忘记了口碑”，任意挥霍，且理直气壮。可一旦“老虎”现出原形，必将在民众中产生颠覆性的认知影响，让民众大跌眼镜，进而想象“老虎”在背后是怎样的声色犬马花天酒地，并由此产生对政府部门的关联性质疑和臆想。这种危害程度，显然不是“苍蝇”所能达到的。

“奢侈”正在成为鸦片。然而，许多人却低估了这种畸形“吃喝”现象的“辐射力”，没有看到京城出现的“最低消费”现象已在潜移默化中腐蚀着社会。这种大吃大喝在渲染奢靡中诱发着一种畸形的消费观念和形态，并进而形成一种以炫耀奢华为荣的价值判断标准——“最低消费”的高低成为判定对客人是否尊重、主人是否有地位的标志。从而，对整个社会的价值体系产生了不可低估的负面影响，给社会带来伤痛。

喝吧！偌大的中国仿佛一个公费大餐厅，一个特大的接待场。从乡镇到县、市，考察项目的、观光旅游的、考察捎带旅游的、甚至浑水摸鱼行骗的，成群结队而来，正职接待不过来，常务接待；常务接待不过来，其他副职接待；市上接待不过来，区上接待，还有人大、政协。大小机关的人，无酒不成宴。各级机关单位干部有的是时间，有的是人力来陪你喝酒。上面来一个人，他们来一桌。在这里，没有面对明天的憧憬，只有一遍遍咀嚼昨天醉生梦死的体味。

中国人的吃喝，在酒宴上发挥得淋漓尽致，人与人之间的感情交流，也在敬酒时得到升华。在生活中和工作上，好多事他们相互推诿，但上了酒场，给上级领导敬酒，则一个个争先恐后。在党政机关和事业单位一年下来，有多少会要开，有多少客人要陪，有多少酒在喝，有谁统计得清楚呢？

就这样，一杯一杯复一杯，一年一年复一年，似乎天下总有不散的宴席。

吃吃喝喝——吃喝之风之炽之甚之烈，可说是当代中国一大人文景观了。

请看这幅题为《百鸡宴》的漫画。

这里没有百鸡，只有中国这只鸡。所有公款吃喝者，吃喝的就是这只鸡。显然，只要这桌酒席不散，吃喝者也许个个都可肥得流油，而中国这只鸡也就只能剩下一副骨架了！

毫无疑问，一个脖子套着锁链，满嘴酒气的人，纵有旷世才华，也是绝对实现不了梦想的。

现代西方频发的经济危机，其本质就是过度消费、炫耀性消费和奢侈消费惹的祸。西方学者伯纳利奥尼总结道："身陷经济危机之中，使我们明白了一个道理：不加节制的消费并不是刺激经济增长的动力，相反，却是经济衰退的主要原因"。

经验告诉我们，在经济匮乏或经济富裕的国家，人们的欲望都相对呈稳定的平和状态。而从匮乏向富裕的转型时期，社会则容易失范，人的欲望会因财富的陡增像断线风筝扶摇直上。欲望的增长甚至比财富的增长更快。

现代生活刺激着人的欲望，人的欲望又反过来要求更"超现代"的物质享受。如此双向互逆、恶性循环，致使人欲恶性膨胀，生物本能愈见发达。

奢侈意味着堕落，它与文明背道而驰。这股席卷全国的"奢侈风"，犹如沉重的黄金锁链，不光是锁在贫瘠的中国人的脖子上，而是套在一个时代、套在整整一代中国人的脖子上。

和谐社会，必须从官德建设开始。各级官员作为公共权力的守护者和执行者，若无合理的调控机制，公共权力就会在无制约的运用中不断异化，并带来各种行为不当和腐败问题，甚至导致政息国亡的恶果。

麻雀一群群地叽叽喳喳乱飞，老虎独处深山老林。一个不善于独处、求静的民族，其前程堪忧——独处、求静为思想。官员官德缺失、国人好把穷奢极欲当成炫富之举，好团团围定后大呼小叫地日复一日、代复一代地大吃大喝，为政者好大喜功，国民大事小事好放鞭炮，旅游乱拍乱扔乱喊……皆为不祥之兆也。

我们走进了猴子的悲剧，却还在怡然自得中，这是悲剧中的悲剧。

如果说，我们迫切需要清理酒的悲剧的话，那么，我们是不是首先需要清理一下当今悬挂在中国人脖子上的那根沉重的黄金锁链呢？

第六章

历史警示

书写史书的材料，不只是芳香的墨汁，历史的许多章节，是用美酒和腥味十足的血水写就的，平日花天酒地、挥霍百姓血汗，其结局，都要用君王的鲜血来完成。那些在史书上因酒亡国的终结者，他们的血迹，难道不足以成为人们前行的警示吗？

有人说，单纯的吃，吃不倒江山；简单的喝，喝不倒红旗。是这样吗？持上述认识的人也许没有看到，在疯狂酒宴背后，往往是血雨腥风的战乱和天崩地坼的政治更迭。一顶顶皇冠落地，一座座朱门坍塌，昔日人上人的权贵顿成刀下鬼，“王侯弟宅皆新主，文武衣冠异昔时”……

早在几千年前，禹时的仪狄。大概为了庆贺治水的成功吧，便造了一些酒献给禹。“禹饮而甘之。遂疏（远）仪狄，绝旨酒，曰：后世必有以酒亡其国者。”（语见《战国策·魏策二》）结果不幸言中，他的孙子太康，便因酒“亡其国”。

顾炎武说过：“兴亡之几，其原皆在于酒。”他的话听起来未免有些邪乎。但只要我们把视野向各历史较前阶段推移，史前的探索便能为人们找到饶有情趣的生动画面。

你看：中国历史上第一个王朝夏，其末代君主桀在执政期间，穷奢极欲，他“为酒池可以运舟”，令三千人作牛饮，“醉而溺死者，妹喜笑之以为乐”。他爱吃山珍海味，平时所食必须是西北产的蔬菜，东海捕的鲸鱼；调味的作料是南姜北盐，并有上千人为他种菜、捕鱼、运输、烹饪，致使夏朝在经历了四百多年之后，终于在“掘池如牛般饮酒取乐中”倾覆了。

许多王朝相继在杯觥交错中消失。商纣步夏桀的后尘，在沙丘大筑苑台，以酒为池，悬肉为林，使男女裸奔其间，作长夜之饮。商纣王的行为使民怨沸腾，诸侯叛离，至公元前 11 世纪，当周武王率军渡过黄河，攻入商朝都城朝歌时，商纣王的酒宴才散。一个极其昌盛的政权，没有经过衰败的演变而直接轰然倒塌。

一个王朝走到尽头，其收场的一幕总少不了一些蕴含悲剧的情节。越王勾践的军队是靠了“投醪河”中的酒而“盛气百倍”一举灭吴的。但是，我们不能忘记，吴王夫差自从得了美女西施、郑旦和无数的美酒之后，自己的王冠和酒杯才一起被越王之剑击落。那皇宫溅起的血与泪，那御道横陈的尸体，在历史的冷风中，凝聚成飘落的泪滴。

大唐王朝的繁华，得之于酒温情脉脉的滋润，它的劫难和沦亡也同样由于酒的反目浸淫。风流天子唐明皇，霸占儿媳杨玉环，沉溺于酒色。杨贵妃的父母兄妹，更是挥霍无度，凡豪华御食，以及国外进贡的珍稀美味，均赏赐给杨国忠等人，导致安史之乱。事实上李唐王朝的历史悲剧，早在唐明皇这个貌似昌盛的皇帝身上，在长安皇宫内贵妃醉酒的歌舞声中就已酿就。

在西地中海的古罗马人，其早期的生活方式受古希腊人影响，并逐渐兴起奢侈之风，成为古罗马社会的痼疾。那是历史上一个最荒淫的时代（主要在中后期），穷人饿殍遍野，贵族议员、富商军官却骄奢乱伦，挥霍无度。每日下午4时开始喝葡萄酒，一直到深夜3点。其间夹杂着残酷的格斗和动物式性交。一批奴隶把吐脏的桌子清理干净，另一批奴隶又铺上新的餐布。酗酒、疾病，殃及全国。及至古罗马快灭亡时，流经首都的台伯河河水，竟“像死人血一样殷红”，漂浮着不消化的脏物和各类有毒的浮游生物。在奢靡之风日盛之下，帝国的躯体遭受严重腐蚀，终于于374年春天，古罗马遭受到灭顶之灾。一个相沿几个世纪之久的庞大帝国，就这样在酒宴中收场了。

因果和变化，从来都不是瞬间发生的，而是无数个普通时刻的叠加。因酒而亡国，历史上确实有许多惊人的例子。法国国王路易十五花天酒地，醉生梦死，他的惊世名言是：“在我死后，哪管洪水滔天！”路易十五拥有3000匹马，217部马车，150个穿着丝绒、佩戴着金饰的随身侍从，以及30位医生，王室在1751年一年中的花费就达6800万银币——几乎占了政府总收入的1/4。封建专制君主和贵族们的奢侈生活和国家残酷苛刻的赋役，最终激起了人民群众的反抗，引起了法国革命的爆发。同样，古希腊、古拜占庭的最终毁灭，也莫不与后期骄奢淫逸的腐败国风有关。

回顾古今中外历史不难发现，“奢靡之始，危亡之渐”是历史发展的周期性规律，无不演绎着由奢而亡的历史悲歌。

中国的明朝更是个被酒浸淫的朝代。大奸臣严嵩和其子严世蕃生活奢华，被抄家时，从其家中抄出的金酒杯、酒盅、酒缸的重量就不下17000两。到1629年，终于爆发了以李自成为首的农民起义，1644年3月中旬，李自成的大顺军把北京城围得如铁桶一般。做了十几年帝王的崇祯见大势已去，万念俱灰。18日晚上，他把周皇后、元贵妃安顿到天国之后，在对15岁的长平公主发出“为何生在帝王家”的喟叹之时，他手里的那把长刀，便决绝地挥向了自己的亲生骨肉……19日，天刚破晓，崇祯得知起义军攻入内城，亲自在前殿鸣钟召集百官，可钟声响过人却没来一个。于是，他抛却无奈，与太监王承恩最后一次登上煤山寿皇亭……登高远望，徒有壮志难酬之情，便愤然卸下皇袍，在衣襟上写下临终肺腑之言：“朕凉德藐躬，上干天咎，致逆贼直逼京师，皆诸臣误朕，朕死，无面目见祖宗，自去冠冕，以发覆面。任贼分裂，无伤百姓一人。”写罢绝命书，遂解下腰带，来到一棵歪脖古槐树下，自缢身亡。从1368年太祖朱元璋登基，到1644年崇祯自杀，存世276年的大明王朝终于步履蹒跚地走向它的末路。那年的这一天，京城应是春意正浓。

崇祯不是一个暴君，也不是一个酒色之徒，他生命的35岁，正值血气方刚！尤其是身死之后，敢于“任贼分裂”，还要求对手“无伤百姓一人”的帝王，在历史上并不多见。他的自杀，也显示出一代帝王的骨气！因此，历史学家认为，明亡不是崇祯的“亡国悲剧”，而“实亡于前朝腐败”。

他的前朝万历，腐败之风愈加严重，神宗皇帝竟然整整28年不上朝，沉湎于酒色之中，朝廷上下贪污腐化，从而动摇了大明276年的根基。就在神宗醉生梦死之际，努尔哈赤率领着女真八旗子弟崛起于白山黑水之间……大明江山传到崇祯，已是一个破败的山河，一个腐败的政权，故崇祯临死前感叹，“皆诸臣误朕”……奢侈、腐败，招致了清兵入关，使大明帝国走到了它发展的尽头。

这些历史悲剧，在当初人们也许是完全没有预料到的。自然科学大都呈现线性发展的特征，前人的成果，总会成为后人的阶梯，在前后相连的逻辑顺序中一步步走向进步,几乎没有倒退的可能。可为何社会的进程,却始终是一个令人猜不透的谜阵,明明已经走过的弯路,还有人依依不舍;明明已经酿下的悲剧,还有人义无反顾,致使中国历史总是在周而复始的磨道上循环往复?

历史的现场不可复制,这是后人面对历史感到困惑的原因之一。那么只有让那些历史的过客来回答自已留下的答案。

北京。紫禁城太和殿。

这里曾经是清朝皇帝即位、大婚、生日、元旦、冬至等节日举行隆重庆典的地方。每当这个日子都要在这里举办盛大酒宴。而守卫这种歌舞升平的是八旗子弟的大刀和长矛。

歌舞升平是需要大刀长矛守卫的。但是,一旦歌舞升平中介入了醉生梦死的酒,大刀长矛就再也守卫不住了。紫禁城,已掺杂进某种凶兆。

研究古文化的学者提出过一种说法:酒在汉字中与“久”语音相同。这会是一种语言上的巧合吗?就时间而言,酒的出现的确很长久了,而且可以预料,人类将全力使之天长地久。

也许是酒的天长地久,中国的先人才会想到用酒来祭祀神灵,以求王者的江山永固、天长地久。然而上帝不会将天下交给荒淫无度、不讲品德的人。谁沉醉于酒,贪欲膨胀,谁就难得长久。

西晋,被称为“最拜金”的王朝,皇帝卖官鬻爵,奢侈成性,官员醉酒炫富,崇尚空谈,社会腐败不堪。西晋王朝的奢侈糜烂不仅导致了王朝的灭亡,而且将中国历史带入了长期的纷争战乱时代。

皇帝一沉醉于酒,就会丧失起码的心智和人性,这些王朝也就无一例外都是短命的。十六国时,前秦国君苻生沉醉于酒,而且发展到嗜酒如命的地步。史书说他“耽湎于酒,无复昼夜”。当东海王苻坚领兵杀进王宫时,他正喝得烂醉。临杀头时,还要“饮数斗”酒。

南北朝时的国君陈后主，终日沉湎于酒杯。北方隋文帝为灭陈在长江上游督造战船，木屑顺流而下，陈后主心里明白，却依旧忍不住与嫔妃、大臣饮酒作乐。臣属章华上书请他不要再饮酒，说这样下去就要亡国。后主竟杀了章华，而陈国也很快就灰飞烟灭了。在汹涌的酒潮面前，一座皇宫有如砂器般脆弱。

隋炀帝杨广即位不久逐渐纵情声色，政事日荒，他玩排场、玩阔气，玩帝王气派，在铺张无度赫赫扬扬的背后，隐藏着一种暴发户的畸形心态。他一边呷酒，一边口占《望江南》一曲："醉乡天地就中宽，帝王正清安。"这显然是醉乡胡话。《望江南》"妙曲"言犹在耳，大运河两岸的酒浪就掀翻了他那由传国玉玺和10万狻猊环护的精神圣殿，击垮了那个曾率领50万大军踏平南朝的威风八面的英武杨广，那个在喧天鼓乐和蔽日仪仗下潇洒南游的风流杨广。

大概就在那天酒后的晚上，杨广和贵妃揽镜自照，抚着自己还相当丰润饱满的脖颈，说了那句被传为千古笑谈的伤心话："好头颅，谁当斫之？"他已预感到大厦将倾，脚下是断头台的基石了。

清王朝后期，朝廷上下已经形成了一个同声共气的利益共同体，这个既得利益集团不思改变，在慈禧的保护下挥霍无度，皇子娶妻，其定礼宴、成婚宴要各摆一百桌宴席。席间金鼓、玉磬齐鸣，轻歌曼舞相伴，仅光绪大婚宴所耗白银就达到550多万两。在颐和园里，西太后的穷奢极侈更是惊人，她吃一顿饭，要摆出128道菜，花费白银100两，折合成穷苦中国农民的小米，可供1.5万个中国农民吃一顿。换句话说，她一天吃的，就是4.5万个中国农民吃的总和。与此同时，晋陕豫饥民饿死130万人，真可谓"金樽美酒千人血，玉盘佳肴万民膏"了。其结果，阶级矛盾激化，整个清朝在外侮内乱中步步走向衰落，从而撞响清王朝灭亡的丧钟。

奢华的盛宴背后，不仅隐藏着一段段不平常的政治史，而且昭示着一种相当深刻的必然性。但又有多少人能记住这种必然？以致他们不得不一再付出包括流血的各种代价。

辽国的穆宗皇帝，嗜酒如命，醉了睡，睡了喝，整日酒醉不醒，人们称他为“醉王”。他最多时连喝九天九夜，几乎没有醒的时候。他以酒行乐，不理朝事，喝醉的时候乱升官，乱许诺，醒了不兑现，甚至一喝醉了就杀人，大臣怀恨在心。最后，因醉酒被3个侍从所杀，年仅36岁。一个王朝，一段历史，居然结束得这样平和。

一座座王宫圣殿在歌舞盛宴中轰然崩塌。可惜的是，王朝的崩溃，帝王的短命，历史之书昭然若揭。当今的数亿酒徒却偏偏视而不见。

我们的祖先自摆脱蒙昧状态以来，就没有摆脱“醉”的欲望。

人类从历史沿袭下来的最可怕的东西，莫过于和生命本身具有同样古老历史的贪欲。故武王提醒后人说：“沉湎致非，社稷为危。”（《太公兵法》）

这是一种汉文字的巧合，还是一种历史的必然？人们以史为鉴，是为了把今天的路走好。历史这面镜子，原也是为了照亮今天的路的。

先人们归去很久了，但是夏桀、纣王那可怕的教训却依然警钟长鸣！

当今，使用频率最高的一句话是：“落后就要挨打。”这当然是不刊之论；但腐败会不会也挨打呢？稍有一点历史常识的人都知道，春秋战国时期的齐国，科技物质在当时最进步最丰饶，出土的车马文物何等华丽精巧，上面还有酒柜和精美的酒具，供乘车贵族随时饮酒之用。但就这样一个大富大贵的齐国，最终却被秦国灭亡。而当时的秦国粗陋多了，他们却从西部打了过来。

齐国被物质所累，上层人士一味追求奢华，成天饮酒作乐。齐国鼎盛时期是威王宣王阶段，那时的国都临淄何等了得。这个古国在胶东，大得渔盐之利，还据有天下最大的铁矿和最先进的炼矿技术，其纺织、大米也是天下无双，还有无数的战马和铁器……

物质的发达，使他们陶醉于杯中酒，陶醉于享乐，最终被最不发达，最粗蛮的秦国给灭亡了。物质和文明是伟大的创造，但如果不警醒，却很容易使一个民族走向堕落。

“花天酒地”伴随着鲜血，浸染了中外史册的每一页，使之变得暗晦而沉重。现代中非帝国皇帝博卡萨被判死刑，二十多年前的苏共亡党、东欧剧变，无不是“腐败”埋下的祸根。

1976 年 12 月 4 日，身为总统的博卡萨在电台宣布：中非共和国改名为中非帝国，他本人就是皇帝。并为自己准备了一个空前隆重的加冕礼。他不仅修了皇宫和博卡萨大道，定做了皇袍、皇冠，还做了一辆镀金的 19 世纪马车作为御辇。他的黄金王冠价值 700 万美元，宝座重达两吨半。同时，还包租了 22 架外国飞机，到世界各地采购所需物品：8 万瓶法国名酒，22 吨香槟和其他各种名酒 150 吨；并从荷兰、澳大利亚、新西兰订购 2 万多束鲜花，200 斤玫瑰花瓣，从德国和日本进口豪华轿车 80 辆。这场以奢侈、奢靡为特征的加冕礼耗资 3500 万美元，约占整个国家预算的一半，从而使中非成为世界上最贫穷的国家，人民处于水深火热之中。而博卡萨先后存入瑞士、法国等国银行的存款多达 10 亿美元以上，还在国外建有 25 座别墅、行宫，博卡萨生活上的糜烂程度可谓登峰造极，他有来自世界上十几个国家不同肤色的妻妾。这些美女既是他发泄兽欲的对象，也是陪他喝酒的玩物，而且稍有不从就会被他处死、杀害。他喝酒时，感兴趣的佳肴不再是烤全羊之类，而是吃“烤全人”。博卡萨吃人肉下酒成癖，不仅自己吃，而且还把做好的人肉摆在国宴上，让那些不知实情的外国宾客吃。在他的皇宫，专门辟有一个存放间存放人肉，而小孩的尸体放在冰箱里。博卡萨凶残、奢侈的本性，将自己极早地推上了穷途末路。1979 年，这个暴君被全国人民赶下了历史舞台。

博卡萨的腐败，招致了中非帝国的毁灭。这也是历史的必然，而在这个必然的展现中，中非皇帝在鼙鼓声里，被判处死刑。

毫无疑问，乐极生悲是无数历史事实所证明了的。而酒又是兴奋欢乐的催化剂。当人的精神需要一旦在酒杯里获得实现时,酒也就不仅仅是一种享受的物质,而成了人类满足其情感需要的一种精神文化了。酒情感这种双重的价值取向,既表现了人类的双重心理结构,也反映了酒文化的极端复杂性。

作为文化的酒,是与民族的文化相辅相成的。当一个民族对酒出现一种超乎常态时,他们的文化也会相应发生危机;或者说当一个民族的文化濒于枯竭、趋向僵化时,其酒文化也会发生变态。两者没有谁先谁后的问题,而是俱荣俱衰,不分彼此。只不过文化危机是潜在的、内向的,而酒文化趋向表面化罢了。

这只存放在彼得格勒博物馆的高大的高脚酒杯,为俄罗斯帝国的彼得大帝迎接国宾时所用。相传他在宴会中总是把斟满美酒的这只酒杯传给宾客,谁若喝不完杯中酒,谁就会被理解为对俄罗斯帝国心怀敌意。

谁曾料到,由彼得掀起的伏特加狂潮到上世纪末却成了苏联这个超级大国的凶恶敌人。它严重地侵蚀着苏联党政机关各级大小官员的思想,吞噬着人民的健康与灵魂,殃及整个社会。从斯大林时代起,苏共"人民公仆"就开始蜕变。十月革命初期,列宁作为在饥荒年代保证党和国家领导人员在超负荷工作重压下而设立的"疗养食堂",逐渐演变为苏共干部大吃大喝和特殊食品配给的地方,且随着党政机关的不断扩大,配给面越来越宽,标准也越来越高,吃喝起来越厉害,并慢慢蜕变为特权,党和国家的管理机关,开始把自己和人民隔离开来。特权、腐败使苏共渐失人心。官场的腐败,导致全民的腐化。

在这个地处北国、天气寒冷、具有善饮传统的国度里,人们开始把苦闷、不满沉浸在酒杯,逐渐形成了一股酗酒热。至上世纪 80 年代末,全国每年人均消费伏特加 30 升,消耗酒精 48 斤,居世界之首。

全国人口的 1/7,即 4000 万人嗜酒成癖或每饮必醉;每年有 100 万人死于酗酒,由于双亲酗酒,有 1/6 的婴儿出生时畸形、弱智或身体孱弱;恶性犯罪案件,90% 和酗酒有关;森林、住宅火灾中,2/3 是酗酒引起的。此外,还有形形色色的"酗酒事件",酗酒的园丁在机场纵火;乌克兰的一个中学生纵酒作乐时杀死了两个伙伴；莫斯科某军校上射击课时，酗酒未醒的学员发生枪斗；两位驾驶员酒后驾驶着一架农用飞机兜风，一头栽倒在地……苏联人称酒为“绿蛇”，从官场到民间的酗酒，确实如毒蛇一般，侵蚀着国家机关的机体，吞噬着人们的灵魂，成为一个不容忽视的社会问题。

一位著名的苏联统计学家说过：“酒精夺走了苏联超级强国的地位。”“我们所生产的钢，虽然居世界第一位，但喝得半醉的我们，却做不出一把好铲子。”

你看这位神魂颠倒的工人兄弟能造出一把好铲子么？这是苏联影片《莫斯科不相信眼泪》中的一个镜头——丈夫如此失去理性虐待自己的妻子、自己的家，因为他们已被伏特加灌得昏头昏脑了。纵然莫斯科不相信眼泪，但莫斯科仍止不住泪如泉涌。

在苏联历史上，刚诞生的苏维埃政府考虑到粮食紧张，曾严厉禁止农民私自用粮食酿酒。此后，从斯大林、安德罗波夫到戈尔巴乔夫，几乎所有的领导人都发起过反酗酒运动，尤其在戈尔巴乔夫时代，政府对酗酒者采取了严厉的惩治措施，从罚款、取消奖金直至强迫劳动、解除职务、开除党籍，许多酒厂被关闭或转产，酒店只在午后营业 5 小时，而且根本不供应伏特加。一切官方宴会包括在克里姆林宫举行的国宴，只有果汁和矿泉水，因此，老百姓戏谑地称戈尔巴乔夫为“矿泉水总书记”。

然而，每次反酗酒运动都不了了之。律令并非总敌得过习俗之力。其病根，皆因积重难返、积弊难除。民间流传着这样一句话：党和政府能使西伯利亚的大河改道，却挡不住嗜饮伏特加的汹涌潮流。历史再次证明：当一个国家官场腐败，人人都想醉的时候，这个政权离“危亡”也就不远了。

尤其值得提出的是：在官场腐败越来越严重的情况下，苏共领导层一边讲人民是国家的主人，一边却由“公仆”们随意损害人民的利益；一边批判西方资本主义腐朽的生活方式，一边又大盖豪华别墅、坐高级轿车、喝西洋酒，荒淫无度，行贿受贿，跑官卖官，并把从特供商店低价购买进口名牌商品和把子女送到西方留学，作为自己的特权。从而增强了苏联群众的逆反心理，以至认为共产党所有的说教都是虚假的，并危及人们对社会主义的根本信仰。

这是理论与实践脱节的恶果。世界上，还有什么比这种言行不一、比这种对自己和对人民的双重标准，使领导层失去人民信任更可怕的呢?!

在这种情况下，苏联人民对党和政府的感情由亲到疏，由热到冷，出现越来越大的裂痕。尽管人心的流失和涣散在一定时期内还是无形的，还处于潜伏状态，或者说领导层虽然有些了解但不认为有多大危险，但实际上，危险已在节日游行时满街漂亮的标准口号和欢呼声的背后潜滋暗长着。当这种党和人民"坚不可摧的团结"只剩下徒有其表的躯壳，而内部却已锈蚀斑斑时，一遇"地震"，大厦便自然顷刻倒塌!

东欧和苏联的剧变绝不是偶然的。从某种意义上来说，正是苏共的腐败，使苏联党群关系首先解体，才导致了苏共和苏联解体的悲剧。历史，看上去风云变幻，其实，它总是在昭示着一种必然。

触目惊心的事实本身就是长鸣的警钟，胜过一切空泛的教科书。最近，习近平总书记重提毛泽东与黄炎培在延安关于历史"周期率"的对话，告诫全党和全体党员干部要懂得脱离群众、贪污腐败足以亡党亡国的道理。这既是现实的警示，也是历史的警示。

当年赵匡胤破后蜀，缴获了蜀君孟昶的"紫金七宝溺器"，慨然叹道："奢侈如此，能不亡国!"随即毁之。赵匡胤与孟昶对那尿壶的不同态度，便是开国之君与亡国之主的区别。大凡头脑清醒者，无论从政还是经商，对奢侈都会有一种本能的警惕。因为，奢侈生骄，侈能生惰，骄惰成性，脑筋便会"灌水"，变得愚不可及。

汉文帝刘恒，是一个头脑清醒、崇尚俭朴的明君。他在位 23 年，把生命从深宫、酒宴中释放出来，在旷野、战场和各个知识领域挥洒。他勤俭治国，要求

“宫室苑囿车骑服御无所增益”。有一次,他想建座祭酒“露台”,请工匠预算了一下花费,工匠告诉他大约要花百金。汉文帝想,百金相当于十户中等人家家产,于是决定不造。汉文帝平时穿着次等丝料做的衣服,宫中爱姬的衣裙不能长得拖地,屋里的帷帐不许绣花。简朴,让他内心安然,岁月无惊。他在临终前,针对当时盛行的厚葬,要求“薄葬省繁”。这在当时确实是难能可贵的。作为一代权势齐天的帝王,他以身作则,把俭朴精神普及到民间,从而迎来了“鼎沸盛世”。

以史为鉴,一个国家的复兴和崛起,离不开勤俭节约之国德的弘扬。“历览前贤国与家,成由勤俭败由奢”,这是一句集“喻世明言”、“警世通言”于一体的至理名言,饱含着历史的伦理精神、现实的伦理要义和走向未来的伦理精髓。同时,也是用无量的生命与鲜血换取的历史经验。

是的,一个没有艰苦奋斗精神作支撑的政党,一个充斥骄奢淫逸之风的政党,是谈不上清廉的,也不可能兴旺发达。回望历史,1941 年 6 月,华侨领袖陈嘉庚率团到延安视察,毛泽东用自己在窑洞前种的豆角、西红柿招待他吃饭。而在重庆,蒋介石却用 800 银圆设酒宴招待。在鲜明的对比面前,陈嘉庚感慨良多,他意味深长地说:“得天下者,共产党也。”后来的事实验证了陈嘉庚的话。这绝不是偶然,而是历史的必然。

历史的某种偶然,只会延缓历史的必然,而不能改变历史的必然。

历史,常常是淌着血才向前迈步的。但愿人们不要忘记猴子的悲剧,牢记历史这一法则。

第七章

心中之酒

酒杯背后不含秘密与动机的故事，因为无趣，将被人们漠视与遗忘。而生动的酒世界里，一定拥有一个又一个快速消失的事件，迅捷逐利的陷阱，深藏不露的阴谋……它们由那个隐匿于心中之酒有意无意地制造出来，使之变得引人入胜，生动无比。

人们都说,酒是藏在酒瓶里、酒窖里的。其实,所有的美酒、毒酒,都藏在人的心里!

无数史实证明并将继续证明,人类最大的敌人,往往正是人类自己——正是人性的“恶”。这恶,表现在个体身上,是对欲望的贪得无厌,以及公众道德的沦丧;表现在群体上,是政治集团利己主义的恶性膨胀。

在中外历史上,许多政治家、军事家借助酒,把自己仅有的一点力量恣肆张扬地发挥到了极致。多少抗争和呐喊,多少谋略和鲜血,多少英雄泪和儿女情,都把走向目的的每一步演绎得奇诡辉煌,令人心旌摇动而不可思议。

三国时期的政治家、军事家曹操,不仅善于以酒施恩,以酒抒发政治情怀,而且善于以酒赋诗,以酒结识天下豪杰。酒在曹操的政治生涯、军事生涯和文学生涯中都占据重要位置。三国鼎立之前,刘备势单力薄,寄人篱下,虽胸怀大志却无法有所展露。为防曹操谋害,他韬光养晦,以种菜为乐,自浇自灌,暂作权宜之计。曹操深知刘备乃天下“枭雄”,是自己真正的竞争对手,借酒点破他的心机,演出了“煮酒论英雄”一场戏。

酒在封建社会的政治斗争中,扮演着不同寻常的角色。以酒解仇、以酒招安、以酒赐恩、以酒避难、以酒消灭异己、以酒巩固政权……很多帝王和政治家都自觉不自觉地把酒当成了政治斗争的工具和手段,在酒的掩护下,演出了一幕幕政治悲喜剧,把历史功过交付给了旷远的神秘。

南朝宋元嘉二十七年(450),北魏太武帝拓跋焘入侵南朝,并俘虏了南朝将领蒯应,事过不久又放了他,临行前对他说:“魏王致意安北,远来疲乏,若有甘蔗及酒,可见分惠。”刘骏听说后,立即派人给拓跋焘送去了上等美酒和甘蔗。于是,南朝和北魏化干戈为玉帛,敌对的关系得到了缓和。在这里,酒成了和平的使者,释仇的媒介。

在著名古典小说《三国演义》中,有关以酒释仇的故事很多,甚至连有勇无谋的吕布也深谙其中奥秘,留下了“辕门射戟”以酒释仇的千秋佳话。

在残酷的政治斗争中,有人为消灭异已,利用请酒设宴,用阵阵酒香来掩盖血腥的阴谋。“鸿门宴”就是有名的例子。当年刘邦先入关中，项羽非常恼怒，特在鸿门设宴，意在严惩刘邦。项羽的亚父范增一直主张杀掉刘邦，在帐外埋伏了刀斧手，并让项庄在酒宴上舞剑助兴，寻机对刘邦下毒手……“鸿门宴”上杯盏交错中的谋杀，可谓是一场真正的战争。那酒宴上的阴谋与反阴谋，成了后世文人创作的绝好题材和政治学的绝好范本。

作为一种政治斗争的谋略，酒还有巩固政权的作用。曹操专权朝中时，董承、吉平、王子服等人密谋除之。曹操发现后，便设宴诈请王子服等人前往，在酒宴上把他们一网打尽，除了敌对势力，巩固了在朝地位。

历史上，以毒酒赐死的权力美学效应也十分突出，它往往以皇家豪华的面目出现，使那些高高在上的阴谋动机，演变为天下最大的恩宠。那些被赐死的冤魂，伍子胥、扶苏也好，岳飞、年羹尧也罢，可谓是幸运的了。因为饮毒酒没有砍头、车裂、剖腹那样惨烈。生得平凡，死得伟大，看起来最为体面。如此荣耀，也只有皇亲国戚或是烈士诤臣才能享受到。

赐死的方式，多出现于文化积淀深厚的国家：中国、日本、朝鲜、古希腊和罗马。常见的赐死方法，以令其饮“鸩酒”见多。

战国时期，嬴政之父死后，其母赵姬是个守不住寂寞的女人。于是她的寂寞就由吕不韦来填补了。嬴政22岁亲政后，不愿意亲自处死吕不韦，便给他写了一封信。吕不韦看信后，“乃饮鸩酒而死”。“鸩”传说是一种最毒的鸟，羽毛为紫绿色，放在酒中能毒死人。即所谓“划羽杀人”。

公元前195年，刘邦死后，惠帝刘盈继位，吕后用鸩酒毒杀赵王。在汉武帝死后，卫尉王莽辅政，怕得罪霍光，王莽鸩杀儿子王忽，此后董卓用鸩酒毒害汉少帝刘辩等等鸩杀事件。都是以毒酒来实现自己阴谋的。

当然，酒不能产生阴谋，但阴谋往往借助酒来实现。酒，仿佛是一条阴谋的河床，阴谋之水正是在这条河床里得以流通。酒充当阴谋的帮凶，就好比美女充当间谍，一切都在美妙中完成。

宋朝开国皇帝赵匡胤，陈桥兵变黄袍加身就是因酒成事的，至今封丘县产的一种“陈桥御酒”，据说就是那时候传下来的。如果没有酒，没有陈桥那个惊心动魄的清晨，赵匡胤最终可能只是中国历史上一个黯然无光的过客。由此联想到人类历史的多少胜败，掩盖了大量深刻的内涵。赵国胤当了皇帝以后，对开国功臣兵权在握很不放心，又搞了一个“杯酒释兵权”的阴谋——请功臣们喝酒，让他们在杯盏交错之中，温情脉脉之下，交出兵权。赵匡胤借此建立了中央集权。赵匡胤可谓杯酒胜过十万雄兵的人。

如果说作为一种政治谋略，赵匡胤的“杯酒释兵权”还有其积极意义的话，那朱元璋的“火烧庆功楼”则是最高统治者“飞鸟尽，良弓藏，狡兔死，走狗烹”的自私和残忍本色的一次曝光。朱元璋当上皇帝后，总担心过去和他一起出生入死、战功卓著的将领们会危及他的皇权，就以设宴庆功行赏为名，把所有有名望的将领和功臣都召进京城赴宴喝酒，然后，将庆功大楼付之一炬，把他们全部烧成灰烬。其手段之残忍，计谋之阴险，亘古未有！

历史上，项羽为刘邦摆下的鸿门宴，朱元璋设宴除异己，《巴山秀才》中用酒毒杀孟南柯，都是把酒作为实现阴谋的一种手段。而希特勒加入“德国工人党”和阴谋政变，也都是在酒店里进行的，并在入侵法国时，借保护文化之名，掠夺了大量绝美的法国名酒。

酒，可说是一种间接的“软杀伤武器”。而用掺了毒药的酒杀人，又是世界上最古老，最常用也最亲密、友善的杀人方法。商人们通过喝酒刺探商业情报，间谍们也常常用酒灌醉他要捕获的猎物，就像马来西亚人用酒捕获猴子一样。

纵观古今中外的战争史，酒的运用可算得上是一个奇迹。很多计谋都用上了酒：诈降偷营、酒中下药、装神弄鬼、滴血酒盟誓、登陴楚歌，无所不用其极。其惊心动魄的程度，丝毫不亚于刀光剑影的冲冲杀杀，只不过遮了一道温文尔雅的帷幕。

五代后汉初年，护国节度使兼中书令李守贞反叛朝廷，并于949年进攻河西。战前，他派人装扮成卖酒的小商贩，挑着酒桶在河西边防各处叫卖，还故意用赊欠、少收钱等手段兜揽生意。河西巡逻兵看到后，就凑过来大喝一通，结果被灌得酩酊大醉。李守贞乘机指挥士兵越过边境，成功地偷袭了河西军营。

吴用只用一桶掺了蒙汗药的酒，不费一刀一枪，就轻易地取得了由杨志护送进京的生辰纲。

俄国在历史上也有几场败仗跟士兵酗酒有关。1905年日俄战争方酣，沈阳的日本兵就曾在谈笑间将数千名烂醉如泥的俄国大兵串在利刃上。

酒，让我们从史书中触摸到历史的最深处，探索古今中外战争的成与败、得与失，在成与败的叹息间体味一场战争的壮烈与悲歌。

在大渡河畔全军覆没的石达开，像是隐退到历史中去的一个迷梦。他的失败，历史学家曾做过种种解释。然而却忽略了一个特殊因素：在遭受清军围困之前，石达开喜得贵子。在大敌当前、全军生死攸关的紧急关头，他却下令全军放假三天，痛饮狂喝，以示庆贺。从而，在很大程度上影响了他对眼前这场决战的创造性谋划，使他失去了东渡大渡河的时间。可以想象，三天的狂饮，将如何软化着几万大军的脊梁。在清军的猛烈攻势面前，全军只能醉态迎战，致使他上演了在劫难逃的悲剧。

明末李自成农民起义军进北京后，首领花天酒地。大敌当前仅派几千士兵去镇守山海关，而“几十万士兵却屯集在京城里饮酒享乐”，以致清兵大举入关后，起义军仓皇而去，仓皇而败，在历史的脚本中写下了一场令人沉思的悲剧。

以酒误事，导致战争失败的例子在古代不可胜数。春秋战国时，楚恭王与晋国的军队战于鄢陵。楚国打了败仗，楚恭王的眼睛也中了一箭，为挽回败局，他召大司马子友前来商量夜袭敌营，可子友是个“贪杯”之徒，在战斗的关键时刻，他却醉倒在大帐里，结果全军覆灭。楚恭王不由对天长叹，说：“天败我也！”

于是,他下令将因酒误了战事的子友杀了。

官渡之战中,大将淳于琼因为醉酒遭曹军偷袭,以至于袁绍的粮草补给被切断,直接影响了历史的发展进程。

威震长坂坡的张飞,因贪杯中之物,被手下一个小小裁缝刺杀;这位征战沙场的英雄,当年没有倒在硝烟弥漫、刀光剑影的战场,没想到却倒在酒杯中。啊,酒杯里盖世英雄也会失去本色!

酒还是引发战争的导火索,政治斗争的软武器。战国时期,楚宣王会见诸侯,并要他们敬献美酒。鲁国恭公迟到且献的酒很薄,楚宣王很不高兴。恭公说:“我是周公之后,勋在王室,给你们送酒已经是有失身份的事,你还指责酒薄,不要太过分了。”于是不辞而归。楚宣王大怒,当即联合齐国,发兵攻打鲁国。魏国的梁惠王本想进攻赵国,但却畏惧楚国帮助赵国。这次楚国发兵攻鲁,他攻打赵国就没有后顾之忧了。于是,他们用各自的刀枪,揭开了一场血雨腥风的序幕。

打仗在酒宴上,政变也在酒宴上。春秋时的骊姬,要谋杀太子申生夺取皇权。为此,决定先除掉太子的权臣里克。于是,设酒宴请里克吃羊。里克没有在酒中嗅出阴谋之味,很快跌入骊姬设下的陷阱。吴国的公子光,要刺杀王僚,便请他赴宴吃太湖叉鱼,把短剑藏在鱼腹里。当酒杯落地,那把短剑插入王僚胸膛时,公子光欲夺的江山,也就开始到手了。如此清醒的算计,绝不亚于在现实中造梦。

以酒夺权,是政治家惯用的手法,而以酒遁世避祸,也是常见的政治谋略之一。晋代由于社会动荡不安,长期处于分裂状态,统治者对一些文人的政治迫害,使文人不得不借酒浇愁,或以酒避祸,以酒后狂言发泄对时政的不满。在这些文人中,最有代表性的可说是“竹林七贤”了。他们为保自身计,常于竹林下酣饮纵酒，其中又以刘伶为最，他常随身带着一个酒壶，乘着鹿车，一边走一边饮酒，一人带着挖掘工具紧随车后，什么时候死了，就地埋之。魏文帝司马昭欲为其子求婚于阮籍之女，阮籍为躲避皇门亲事，饮酒大醉七十二天，使司马昭没有机会开口。阮籍醉酒，既达到了目的，又保全了自己。以饮酒回避派别斗争也好，以饮酒而作清静无为也好，以饮酒避祸全身也好，在当时情况下，都是比较巧妙的政治手段。所以有人说："酒从来就被人视为一种方法，一种手段，来躲避政治上的迫害和人事上的纠纷的。"

酒文化的树上，结满了奇特的果实：崇高与卑下，真实与虚伪，优美与丑陋，善良与凶恶……

法国伟大的文学家莫泊桑讲过这样一个故事：埃佩维尔镇开店的希科老板，好久以来看中了紧挨着他的玛格卢瓦尔老太婆的农庄，可他用尽了办法都没能得手……后来希科送了一桶白兰地给这位老太太。从此，老太太天天饮酒，终于，在第二年冬，快到圣诞节的时候，老太太喝得烂醉跌倒在雪地里死掉了。当希科接手了她的农庄后，他对人说："这个乡下佬，她要不是贪杯，恐怕还有十年好活吧。"

其实，酒从一开始只是享欢作赋沟通情感或是壮胆暖身的饮料，可后来，酒竟日益发展成为达到某种目的的辅助工具，它不仅制造了嫉妒、龃龉、野心、阴谋，而且制造了连峰的战争、祸乱，制造了疯狂的情欲，制造了种种虚伪或真诚的谎言。

是的，人类并不满足于酒杯里的发泄，并不满足于哪怕是为了获得公众好评的微笑。当有意无意地陷入微醉状态时，我们便学会了虚伪，学会了冷漠；学会了在温和的笑里暗藏一个冷笑；学会在捧场的时候送去一个杀机；学会了每遇大事装糊涂；学会了以拥抱的姿态扑向敌手；学会了迎合，学会了假话；学会了真诚的欺骗，学会了任何时候都有一种醉态在。

诚然，我们的灵魂并不总是徜徉在正常世界，我们还会坠入非正常世界。

这是一个辉煌灿烂与纸醉金迷共存共荣、闹哄哄的歌舞与静悄悄的阴谋双向渗透的时代。酒吧、歌舞厅、夜总会、按摩院……十里洋场，繁华如梦。应运而生的交际场，打造出一个百媚千娇的新生职业——陪酒女郎。

酒吧内。娇柔缠绵的背景音乐。

朦胧迷离的微型吧灯。

两位穿着讲究的顾客，在一位娇媚、浓妆的“陪酒女郎”的陪同下，正在一面低语，一面喝着名酒。

这里的一切都似乎温馨迷人，轻轻柔柔的歌曲，迷迷蒙蒙的光线和闪闪烁烁的笑靥……

面对此情此景，谁会将它和寒光闪闪的刀刃联想在一起呢？

然而，这温柔的酒杯里却潜伏着阴谋，这妩媚的笑容里却埋藏着杀机。你看，那些扭着腰肢的陪酒女郎，像水蛇般妖娆，曲线玲珑得让人吃惊。面对她那甜媚的一笑，你将被她引进一个陷阱，或者一片沼泽……就这么一杯酒，要价是300元！

一杯酒要价300元，这听起来似乎是天方夜谭，然而，生活里就充满着怪圈。你看，可乐兑水冲淡，便成了“鸡尾酒”；一半杯橘子水加上几滴酒，就是客人点要的“人头马”；一瓶XO酒进价1000元左右，在这酒吧内论杯出售，每杯90元。如同魔术戏法，一瓶酒竟能兑出27杯！一切就像不可回避的“百慕大”，所有的过客，都将在这里坠入陷阱。

夜色是最好的保护伞，在这样的氛围里，一些本来纯洁无瑕、涉世不深的女青年，在酒吧里公然与客人搂抱、亲吻，成了老板的“摇钱树”；女大学生也当起了“陪酒女郎”。

酒吧、夜总会成了某些官员、富商最热衷的消遣之所、猎艳之场、寻欢之地。那些年轻美貌的陪酒女郎，与达官贵人做最亲密的接触，她们不需要学历、不需要英语六级,只需要最简单的美貌和酒量即可。在挣钱谋生的同时,还做着一步登天的富贵梦。

这些"陪酒女郎"从不关心社会变革,不思量经济发展与衰退和自己有多大的关系,也不去想比明天更久远一点的事情。夜晚,她们是艳光倾城的夜莺;盛宴之侧,她们是权贵引以为傲的美女;酒吧中,她们是官员和富豪的红颜诱饵。

某酒吧。摇曳的烛光。

抒情的魏克特曼钢琴以及泛着泡沫的生力啤和蓝带啤都充满了一种诗意和一种优雅的气息。这里和一个粗鄙的世界是格格不入的,是高贵的上流生活的象征。

一男子和一小姐正在饮酒。

男子对女招待:来三盎司"路易十三"。

小姐的脸部肌肉一阵轻微的抽搐。随后轻轻一笑:我也要三盎司……

女招待:三盎司什么?

小姐:意大利葡萄酒。

也许,人们对在这里上演的人生豪华剧不太了解。一盎司"路易十三"兑币为320元,人民币560元,而一盎司意大利红葡萄酒兑币280元,人民币500元,这不是在喝酒,而是在喝金子。

陪酒女郎的风韵如蜜,惹得众多猎艳男人拥入酒吧。这是2011年8月9日《江南都市报》一篇题为《见面往酒吧拖,点杯酒三千多》的报道:徐某于7月初在网上结识了一名女子,周末双方约好在民德路状元桥见面。见面后,女子将他带至百花洲路的木林森酒吧,等他买单时,竟发现消费了3000多元。

那些荡尽香艳的巷子里,灯笼依然亮起,却让整个尘世都暗淡下去。南昌木林森酒吧雇佣"键盘手"、女酒托利用互联网约会,引诱单身男子进酒吧,进行高价消费,仅5个月就骗取钱财50余万元。

女人扮演着社会最大的教育者角色。女性芳泽,犹如风向标,往往折射一个时代的品质,暗示整个社会的精神形貌。

生活中,女人往往以其精神和行为美学——潜移默化塑造着周围的价值观,尤其心仪于己的男性。女人的纯善、洁净、才华,必将提升其爱慕者的品质;女人的虚荣、势利、浅薄,必将滋长其追逐者的劣性。

任何一个时代,女性的主流形象和审美诉求,必对社会的精神面貌和价值取向起到教师和保姆的作用。女人智,则时代智;女人雅,则时代雅,女人洁,则时代洁。反之亦然。

当下一些女性鄙视俭朴与贞洁,追求奢靡,堕落淫乱。她们在酒吧里尽情挥霍,出卖肉体与灵魂,那种曾经感动过许多时代的“经典之美”:即靠天然和修习一并得来的美,与美德共生的美,源于灵魂肌肤和精神骨肉的美……已经很难寻觅了。当你轻轻掀起酒吧帷幕的一角,你看到的只是一个黑洞——一个心藏各种目的、不同行径,而令人百感交集的黑洞。没有哪一种行为,能像酒色勾结这般激起人们复杂的情感,体味其中的喜怒哀乐!

猴子坠入了人类的阴谋,才酿成了自身的悲剧。但愿人类不要因杯中之物,像猴子一样迷失了自我。

第八章

酒的哲学

哲学是人生观的学问。人们在认识酒的过程中，留下了许多先哲和当代有识之士的心音与沉思，留下了时代的叹息、历史的警示、文化的行脚……这是寓含禅意的心灵觉醒、醉意产生的思想火花，也是酒文化写在人们记忆中的史诗。当历史的风雨、岁月的烟尘消散之后，我们看到的，乃人类认识酒的精神历程和思想踪迹，它是内心的宗教、人类精神的胎记。

哲学是人生观的学问，是心灵的完善，是生命的诗。

德国著名哲学家叔本华说："生存环境只不过是我们产生一种间接影响，每一个人的心灵也并不全合乎他周围的环境，各人都活在他自己的心灵世界中。至于所处的世界如何，主要在我们以什么方式来看待之。"

中国人在"酒文化"中浸淫已久。从贵族到贫民，从庙堂之高到江湖之远，无不飘散着酒的芳香。五千年的酒文化延绵至今，人们用"琼浆玉液""陈年佳酿"来赞美酒的品质，让人们在如何看待酒的过程中，有了各自不同的观念。

"天上人间酒最尊，非甘非苦味通神。"这是古人朱敦儒吟的《鹧鸪天》词牌中的为首两句。他把酒看作是天下至尊且"味能通神"的观点，的确代表着中国先民们的一种对酒的认知。

由于酒是"人间至尊"，因此不论皇宫还民间，人们都会在不同的地方以酒祭拜天地，以求江山永固、生活幸福。

这里是北京故宫的祭台遗址。当年天子和大臣们，每年都要在这里举行祭祀社稷活动。皇帝率领着他的僚属，双手捧怀，三拜九叩，然后将酒虔诚而肃穆地洒向大地，意在接神灵、敬天地，祭祖宗。

在古代，"酉"最早的意思就是酒，形似酿酒用的瓮。后来，"酉"为地支所借，人们就造了"酒"字。

"酒"，就也，所以就人性之善恶。"就"意为"到高处去住"。酒本五谷所酿，国家祭祀时才用，目的是引人向善，故祭祀是一桩无比庄严而神圣的事情。且有祭必有酒。酒似乎可沟通使人敬畏的神灵。因为神只闻香味，不吃食物，酒香扑鼻，恰到好处地体现了神的意志。酒，成了天上人间的渡桥，神人之间的纽带。尤其是历代天子祭祀天地和宗庙的活动，更是将饮酒上升到礼乐文化的层面，无不浸透着中华文化的精神，并成为中华传统文化的一个重要符号。

这是古老的曲阜古城，成千上万的民众在这里举行隆重古雅的祭孔仪式。万仞宫墙门缓缓打开，肃穆神圣的孔庙内古灯高悬，红毯铺地，鲜花雅乐，钟鼓齐鸣、氤氲香火，全世界的人们联合祭孔，告慰先师孔子的在天之灵。

祭祀一直是人类宗教活动中的重要仪式。公元前十二世纪末，在古希腊有一座影响欧亚广阔地区的公用祭坛，叫岱尔菲祭坛，是太阳神阿波罗的奉祀之地。周边区域各国执政者，凡要决定一件大事，甚至连一场战争要不要爆发，也要到这里祭拜神灵，由神做出决定。千百年间，远近邦国供奉在这里的金银财宝无以数计，多少写入世界古代史的战争、政变、盛典、灾难，都是这座祭坛伸发出来的。

酒，作为祭神的首选礼品，其神圣性不言自明。祭祀用酒的习俗，反映了先人们以己推人，再而及神的心路历程，有着漫长的历史。其用酒程序，体现了人类各民族的社会组织形态、宗教信仰，伦理道德观念及思维特征。

毫无疑问，神圣的酒，是天上人间一种美妙的和声，只有最高的神才能听见。人不再是孤岛，每个人的身体里都藏着别人的信息，精神的一致，改变了人们的生存局面，人们因此而那么动情，有了神的存在，大地就不再荒芜，酒与人间的欢乐也就粘连得不可分割了。

酒进入皇宫御苑，便有了贵族身价。古代的君主以酒器的大小定官位，官大用“大爵”，官小用“小爵”。史书还记载了这样一个特殊现象：殷商时期的贵族，把酒量大小看作身份的象征。身份尊贵的就代表酒量大，反之酒量小。古代传说“文王饮酒千钟，孔子百觚”，都是他们身份高贵的象征。

老北京的城门有“内九外七”的说法。内九，指城内有九道门。按朝廷当时的规定，每个城门进出的车辆都是根据传统文化的概念而有严格规定的。比如出崇文门的车，必须是酒车。这种清宫御酒，不正是说明它不但是酒，而且还是贵族的么？

酒，还是情感的使者。酒的灵魂是情，它跟少数民族的哈达和酥油茶一样，是情的媒介和载体。故有诗曰：“劝君今夜须沉醉……珍重主人心，酒深情亦深。”这些古诗把人们对酒的认识表达得简单明了。有朋自远方来，当然是需要叙述友情的。那么情有多深呢？“酒深情亦深。”反过来说，倘若无酒待客，情便不深了。是的，与朋友酣饮，亦为至高境界。酒杯对面，没有那种只熟悉却不可爱的人；酒杯后面，没有现实的功利目的，有的只是友谊、情感。因此，诗人王维在送别朋友时，为了表达他的深情厚谊，特意郑重地叮嘱远行的友人：“劝君更尽一杯酒，西出阳关无故人。”

酒的深浅居然成了衡量人间友情深浅的一种标志。

酒的存在永远都是醉人的诱惑，“花看半开，酒饮微醺”被人认为是最令人低回的境界。是的，不为酒困，便是高手。故哲人认为，酒之妙处在于微醉，那是人的理智终结与神的意境开始之处，是节制与纵欲的微妙混合，是饮酒的艺术。微醉，能让人“以不及于乱为度”。这世上有太多的东西不会让我们恒久拥有，干杯者不能知酒味，泥醉者不能知微醺之味。只有微醉是享用之术，其感觉能安抚我们躁动的灵魂，激活我们怠钝的细胞。美景让人醉，良辰让人醉，爱情让人醉，友情亲情让人醉，这时候的人才是最纯真的。

这种微醉，成了文学艺术的灵感和泉源。杜甫一句“李白斗酒诗百篇”的绝唱，道出了一个为人们普遍接受的“真理”：“无酒难成诗，得酒诗自成”。

历史上无数的英雄豪杰、文人志士，因酒而壮怀激烈，因酒而意气风发，一部诗书史，就是一部饮者的历史，就是一部诗神与酒神热烈拥抱的历史。《诗经》305 首诗中就有 40 多首与酒有关。从《诗经》开始，中国古代的诗词歌赋，无不散发出浓郁的酒香。酒仙李白于一樽清辉里举杯邀明月；诗人苏轼在一片放纵难收的豪情中把酒问青天……都是伟大饮者们留下的酒令、醉语。那轮中国的月亮，一直被诗人们供奉在酒杯中，保持着千古的高洁；中国的菊花，在杯前开了又谢，谢了又开，那浮动的暗香，至今仍吹拂着我们的衣衫和灵魂。

中国古代的诗人，以独特的人生态度去体验酒，赞美酒。魏晋时代的“竹林七贤”更是个个嗜酒如命，醉里成诗，为中国酒文化做出了别具一格的贡献。琼浆玉液，浇灌出多少风流千古的名句佳篇！荆轲的《易水歌》、项羽的《垓下歌》、刘邦的《大风歌》，都是酒后抒发的壮志豪情。

一个梦魇般的“醉”字，成了中国文人千古不绝的浩叹。从屈原到后来一代又一代的文人士大夫，几乎概莫能外。看看汨罗江畔幽怨的足迹吧，徘徊复徘徊，凝聚的正是“政治失恋”的巨大痛苦。这就难怪范仲淹站在岳阳楼上，发出“进亦忧，退亦忧”的感慨，并把这归结为一种“古仁人之心”。生死以之的忧患意识，构成了中国文人普通而独特的精神图谱。从某种意义上说，他们除了“醉”，似乎从来就不曾真正潇洒过。

金马门旧址。

这是金马门。相传，唐代大诗人李白，在这里喝酒后佯装醉态，痛骂杨贵妃的义儿安禄山。他借着酒兴，让那些压抑在心中的、毫无出路的情感，得到了戏剧性的发泄。

心理学家说：泄是一种精神；泄是一种韬略；泄是局部给整体的祭礼，泄是壮士断臂全身；泄是英雄刮骨疗伤。

然而，人类的许多宣泄，都是借助酒来实现的。“酒后吐真言”可说是这种宣泄的写照。在这里，酒又成了历代诗人特殊的政治反抗手段，成了被压抑者用以发泄愤懑、鸣诉不平进行宣泄的工具，成了那些还没获得自我，或者再度丧失自我的人的自我解脱品、兴奋剂和麻醉剂。

“自古圣贤皆寂寞，唯有饮者留其名。”曹孟德喜欢杜康，白居易、苏轼喝屠苏酒……历代文人都与酒结下不解之缘。欢乐时，“白日放歌须纵酒”；愁闷时，“醉里不辞金盏满”；相逢时，“一壶浊酒喜相逢”；赏月时，“举杯邀明月”……真是无时不酒，无处不酒。

古代文人大多把酒看作生命的一部分，什么时候也难以割舍。譬如“美酒一杯谁与共”的晏殊，“落魄江湖载酒行”的杜牧，还有“有酒学仙，无酒学佛”的郑板桥，“举家食粥酒常赊”的曹雪芹和“又摘桃花换酒钱”的唐伯虎等。建安七子以酒为乐，就连李清照这样的才女也有“三杯两盏淡酒，怎敌他，晚来风急”的词句。酒赋予了他们创作灵感，使他们激扬文字，下笔滔滔，文章直抒胸臆，作品豪迈奔放，留下了一大批经典之作。

那么，酒真正能产生诗句吗？一位作家说过：诗人常狂醉，但狂醉不是诗人；才子常风流，但风流未必就是才子。

“醉翁之意不在酒。”宋代的欧阳修道出了饮酒者的心态奥秘，成为千古绝句。而对于诗，司马迁在评价《诗经》时说得更明白：“三百篇皆古圣贤发愤之所为作也。”发愤之所为作，心里没有气，他写诗？

人类最残忍的痼疾莫过于生活在一个无法实现梦想的年代了。生活在盛唐的李白，正是唐朝由强盛转向衰落的时代。唐玄宗统治后期，他宠爱杨贵妃，整日在宫中饮酒作乐，政治十分腐败。特别是持续八年之久的“安史之乱”，使国家赤地千里，城郭破碎，田园荒芜。李白满怀激愤，报国无门，因而神游太虚，以酒寄心，排遣自己对当时社会邪恶势力的愤懑和苦闷。

翻开他的诗词，一股侠客豪放之风拂面而来。从诗仙的诸多诗词中，我们似乎看到他经常醉着，但却睁着一双世事洞明的大眼睛。他就这么一边喝着，一边激扬文字，指点江山！“天生我材必有用，千金散尽还复来。”也许有人会说，李白也是悲情的，但那是巨人式的伤感！不是颓废，而是更大的自信。张扬自我，肯定个性。李白相信他不是凡人；相信人不是金钱的奴隶，一切随心而动，千金散尽全不悔。“将进酒，杯莫停。”可以想见，那是多么磊落的豪饮！就在这一杯杯的豪迈里，但见诗人纵酒狂歌，仗剑走天涯……

他的诗，可以说是在现实生活中碰壁之后的发泄，是于醉酒中纯净心灵的流露。它不是一个诗人的绝唱，而是整个社会情绪的汇集。

我国东晋时期的大诗人陶渊明，一生亮节慷慨，率性而行，敢说、敢笑、敢哭、敢怒、敢骂……其行为,大都得力于喝酒。是的,只要三杯酒落肚,则“酒酣以往”,就无所顾忌,人的真情性,只有在这样的境界中才会流露出来。

官场的侧面是诗坛,官场失意而为诗,诗往往写得格外出色。这是中国知识分的机智与狡黠。不能把志向实现于社会,便躲进一个自然小天地饮酒自耗,借酒消除志向,渐渐又把这种消除当作志向。安贫乐道的达观修养,成了中国文化人格结构中一个宽大的地窖,尽管有浓重的霉味,却是安全而宁静的。于是,博览文史,四处漂泊,走到了民族文化的高坡前。

伟大的现实主义诗人杜甫,常常借酒表达自己对现实、对政治的爱憎褒贬,抒发大济苍生的政治情怀。“朱门酒肉臭,路有冻死骨”,揭示了尖锐深刻的阶级矛盾;“莫辞酒味薄,黍地无人耕”,指控了安史之乱的爆发给人民带来的沉重灾难……

南宋陆游一生坎坷不遇,欲报国仇却不能,想济天下而不得。他经常引吭高歌,借酒抒怀泄愤:“起倾斗酒歌出塞,弹压胸中十万兵”,“志大浩无期,醉胆空满躯”,很难想象,倘若没有酒,“亘古男儿一放翁”怎样释解他壮志难酬的悲愤?!

北宋欧阳修的《醉翁亭记》,同样是诞生在一个失意官僚的踉跄醉步下,诞生在夕阳和山影的多情顾盼中,诞生在心灵的困顿和再生之后。它那摇曳多姿的情韵,让多少人为之心折!

毫无疑问,不是酒使人产生了诗情,而是酒冲开了压抑人性的理性闸门,使诗人每一粒思维细胞都从六都门阀的重压下解放出来,从佛教的虚无倾向中解放出来,从生涩华靡的文风中解放出来,释放出囚禁着的自由,从而于失控中道出了清醒时不敢吐露的、压抑在心里的真情实感。这情感,正是诗人生命的真正意蕴。诗贵情真。于是,诗人酒后由那种看透人生的野心、愚蠢和名利的诱惑而创作的诗,因情真意切而获得了不朽。悲愤出诗人,正因为诗人道出了真正的悲愤。

感谢酒！在帝王的权威之外，在社会版图之外，在伦理的冻土之外，是酒，划定了一个透明、无形而辽远的空间，寄存个体灵魂，流泻生命的血潮。

“呼儿将出换美酒，与尔同销万古愁。”酒的乐趣是在醉后的陶然境界。故耶稣的开山使徒圣·保罗在两千年之前，就建议基督教徒们常常喝点酒，以解除各种病痛。中国的汉相曹操也有一句名言：“何以解忧，唯有杜康。”保罗、曹操当时都处于动乱、黑暗的年代，思想政治层面正在经历着痛苦蜕变。面对腐败、黑暗，一些仁人志士无力挽狂澜于既倒，便沉醉于酒杯，以酒引渡自己痛苦和不安的灵魂。若没有酒，中国诗文不知要枯燥到如何；中国人之心灵，不知要苦闷到如何。

当一个国家人人都失意的时候，当一个民族连她的灵魂——思想界都被时代抛弃的时候，这个民族还能指望什么呢？于是，许多人为逃脱无法忍受的痛苦和懊丧，便将所有的热情，所有的未酬之志，有声有色的一切全化作遗憾，窒息在酒杯里。这也许是中国古已有之的国粹麻醉法。刘伶的“死便埋我”可算是最彻底的了。

“但愿长醉不复醒。”当你一杯酒下肚，人便开始在微醺的境界里神游，恍恍然欲仙，飘飘然如梦，有一种游离于天地间的超然感，平日的拘谨被酒劲一扫而光，人与人之间的那份真诚与坦荡，那份品尝生活时的自然与逍遥，那份时时涌动着的花好月圆，如沐春风的和谐气氛，足以让人不恋今生不思来世。

是的，不喝酒不能麻醉，能清醒地都看见、听见，又无力高声大喊，确实是凡人的悲哀。因此，每当历史步入衰落的时代，总有一些仁人志士早晚号哭以求天下大治，求治不得，他就早晚沉湎于酒杯，把酒作为战胜自我烦恼、解除心灵痛苦、获得自我解脱的一服良药。在入世与出世的两难境地中，中国文人醒中有醉，醉中有醒。

有口难言不如醉。因为醒着，毕竟比醉着更痛苦。于是，无数名士、诗人的感叹在酒杯里迸出火花，将悲愤烧成了青铜鼎上的花纹。

毫无疑问，发感慨的诗人，发出的只是诗人的感慨，历史却不会在诗人的遐想联翩中，向着偶然撞来撞去。于是，三句不离酒的陶渊明，便有了他的《桃花源记》，为那些企图“超脱”凡尘的志士们，描绘了一个如沙漠中的清泉、荒海中的绿岛、迷途羔羊的归窠，一个如海市蜃楼般可望而不可即、神圣而不可攀的幻境。

其实，这种幻境是找不到的。醉酒只不过是在世俗斗争中受到挫折之后的一种退路，或者说是自我麻醉的一种手段罢了。莎士比亚在遭到当时伦敦文化界“名流”妒恨和恶毒攻击时，便经常跑到酒馆去喝酒，有时，还会与别人在某个啤酒馆里打架。

这是智者的痛苦。智者的痛苦是不可摆脱的。

时俗的根本特点是流行。当每个人都在借酒浇愁、酒风盛行的时候，自然不是常态。

浙江绍兴水乡。

这里是鲁迅的故乡——绍兴。这里的越酒行天下。时值熬酒封坛的季节，当你坐上乌篷船漫游绍兴水乡的时候，你一定能闻到酒香阵阵，感到风使人醉。

绍兴咸亨酒店。

酒店正面墙上张贴着北京人艺演出的话剧《孔乙己》《阿Q正传》中的剧照。

绍兴咸亨酒店，闻名遐迩。至今，人们只要一提到这家酒店，也许自然会联想起鲁迅先生笔下的那个赊酒喝的孔乙己和醉酒的阿Q形象。

鲁迅也是痛苦的。当旧时代的人民在反抗屡遭失败，心中的幽怨无处宣泄、无处解脱的时候，他无法为人们指出一条渴望找到的出路，只能把他们安排到这家酒店里来。

郁达夫有诗赠鲁迅："醉眼蒙胧上酒楼，彷徨呐喊两悠悠。"鲁迅著名的《七律·自嘲》也是在酒楼上写的。难怪当时有人画了一幅漫画来丑化鲁迅，说他是"躲在酒缸后面的阴阳脸老人"。

当然，鲁迅没有永远"躲在酒缸后面"，也没有"躲进小楼成一统"。在国难当头、民族危亡的时刻，他终究是清醒了，毅然走下了酒楼，把闪闪烁烁的灵光变成了灯火，去照亮人们前进的道路！

毫无疑问，酒杯里的忧愁，既是现实忧愁的表现，又是对这种现实忧愁的抗议；既是被压迫生灵的叹息，又是无情世界的情感。它是社会意识形态的象征，是一个时代人心的折射。正像没有精神制度的精神一样，酒是人类精神的鸦片，喜也要它，哀也要它，每个涉足者都企望寻找到一种超脱。这种似乎是自相矛盾其实又不矛盾的现象，正是酒的历史发展过程中的本质所在。

有人说"沉醉能消万斛愁"，然而真正的事实是：举杯浇愁愁更愁。酒入愁肠，心境越发颓丧，觉得世间万事都没有什么意思；酒入愁肠，又激昂慷慨，气吞山河，俨然要拥抱整个世界，这都是由于酒的魔力。这时候写诗，簿纸小楷，铺排不开满腔的块垒，直须提笔向那堵粉墙上涂抹。于是，有人便在驿站的墙上、路亭的墙上，酒楼的墙上题诗。因为在文友面前，或在千娇百媚的歌妓面前，他们得卖弄才气，也卖弄自己的伤感和豪放。这时，夸张和矫情也会豁边，少不了要惹出点麻烦来。例如宋江在浔阳楼上多喝了几杯，便晕乎乎地在墙壁上题了几句诗，就差点丢了脑袋。岳飞的《满江红》，也是用浓墨蘸着烈酒，挥洒在酒楼墙壁上的。不然，何以会有"壮志饥餐胡虏肉，笑谈渴饮匈奴血"那样标语口号式的句子？

啊，酒是所有失意者的情人。

酒也是所有得志者的朋友。

真有性灵的文学，能洞察人类心灵最深处的作品，不少是酒后之作。莎士比亚醉酒后常常能见到死去的人，他写哈姆雷特寻找亚历山大大帝的高贵残骸遗灰，“后来他发现这灰土也被人家拿去塞一个啤酒桶的漏洞”。多具人类喜剧意识！可以说，莎翁写这段文字时，已经成一个深刻的诗人了。

被称为“代表俄罗斯文学深度”的伟大作家陀思妥耶夫斯基，是俄国历史上最复杂最矛盾的作家之一。他从 9 岁起发癫痫病，一直伴随他终生——60 年。他因赞赏革命被沙皇判处死刑，后又在刑场上临时改判流放西伯利亚，在非凡的日子里，他与酒相伴，神奇般地完成了《罪与罚》《赌徒》《白痴》等文学巨著，成为现代文学心理叙事的鼻祖，影响了二十世纪很多作家。但他也是个不折不扣的酒鬼，是个经常酗酒的狂热酒徒。

酒，造就了一大批文学大师，也造就了不少顶天立地的英雄。故从古到今，“酒醉英雄汉”、“酒壮英雄胆”，便被人们当成日常生活中的经典，都把醉酒者比做英雄，似乎豪情总是与美酒相随，为酒披上了一层美丽的外衣。

武松醉酒后在景阳冈上打死了一只凶恶无比的斑斓猛虎。由此，武松成了一代可歌可泣的英雄，普遍受到中国人经久不衰的景仰与崇敬。《三国演义》中的关羽温酒斩华雄，古罗马勇士决斗前要饮一杯酒，都被认为是酒才壮了英雄的胆。于是，“酒醉英雄汉”“英雄海量”等等闪光的格言，便成了一切想当英雄或敬慕英雄的人们的一个生活信条。

而法国人则认为，葡萄酒喝进人体内，会变成血脉。当年，麦哲伦率领船队环球航行，船队携带大炮、火药、盔甲等装备的投资，远远低于购买和储备葡萄酒的费用。可以想象，在漫长的旅途上，在汹涌的波涛中，一支船队朝着未知的目标远航，是葡萄酒增添了他们的勇气，消解了长夜的孤寒。

时至今日，我们不是还看见许许多多以能喝酒而深感荣耀的人物吗？因为，只有醉倒了才能是英雄，或者只有英雄才可能会醉倒。

醉酒真的能让人变成英雄吗？美国第十六任总统林肯，醉酒后却成了个窝囊废。他的老婆很泼辣，喜欢破口骂人，每逢林肯在酒吧喝醉了，即使到了深更半夜也不敢回家，只好赖在酒吧里和那些混迹在社会上的人瞎聊，他那副出人头地、简练机警、应对如流的口才，全是在酒吧里学来的。

在20世纪末，我国内蒙古某一小镇，一位喝醉酒的男子，摔倒在街侧的一个角落里。第二天，人们发现这男子的呕吐物及脑袋，都被一头母猪吃掉了，只留下一具无头尸体。这不是古希腊神话，不是天方夜谭，不是克雷洛夫寓言，不是意大利童话，而是真真切切、毫不含糊、明白无误的事实。

昔日武松醉酒打死了一只老虎，而今日这个汉子在喝醉酒后，却被母猪啃吃了脑袋。酒，没有使他成为当今"英雄"，却把他的头颅送上了冥王的祭坛。一个带血的感叹号！

人有人魂，酒有酒魂。酒魂入人魂，才能让人在大境界中形成大胸怀，使品质生就勇气，使勇气生就智慧，成为顶天立地的"英雄好汉"。

中国人向来都有大丈夫心理，现实生活中一些年轻人缺乏"大德立基"，先做人、后做事的生存与扬名理念，只把喝酒看作是男子汉大丈夫的豪爽表现，是真正的男子汉象征之一。认为喝得多便是英雄，唯恐自己不在其行列中。于是，创造机会学着喝，遇到哥们比着喝。他们并不明白：这种醉酒，大都是生理的，而不是精神的陶醉。当一种东西被变异到达沸点时，便会产生狂热。疯狂的酗酒，也许来自这种灰色哲学。

以害为益，以丑为美，可说是酗酒成风的重要认识根源。

今朝有酒今朝醉。中国人处处想借酒偷闲行乐，生活上求安不求进，既得眼前之乐，便不复追求似有似无、疑实疑虚的功名事业。苦难没有湮没这个民族，正是因为人们能够在大悲恸中寻找大欢乐。你看，如今疯狂扩张的城市，酒楼人满为患，书店却一片清冷，再也没有了以往拥挤的景象。北京地坛书市早已消失。这里曾经是一个读书人的狂欢之所，汗牛充栋，文人成堆。最火爆时一届书市读者可达 90 万人次。如今，书却成了蒙尘的装饰品，陷入无人问津的窘境。国人的兴趣发生了大转移，从书桌转移到酒桌上去了。他们为美酒可以一掷千金，而要他掏腰包买本书却难上加难。前不久公布的一份报告显示，中国人的阅读率远远低于发达国家。“重舌尖”“轻眼皮”的风气已深入人心。

有学者呼吁，中国应少一些高档的酒楼，多一些精致的书店。因为只有书籍，才能让这么久远的历史连成缆索，才能让这么庞大的人种产生凝聚，才能让这么广阔的土地长存文明的火种。

酒、音乐、浓浓的烟气，还有电视广告、畅销小说、卡拉 OK 将人的身体异化出许多新的符号以及用来开启这个世界的新密码：喝酒代替社交，形象代替自我，画面代替阅读，音响代替思考，眼睛代替大脑……没有心灵的享受，也没有思想的盛宴，就连语言也被标准化和程式化了。当一个人以为表达自己时，他不过是在重复一些单调整齐的流行语，如“跟着感觉走”“过把瘾就死”……语言的贫乏，其本质是心智的贫乏。

这种由吃喝、娱乐文化“支撑身心”，靠“奢侈”支配生活的必然后果是，人的精神主体和内在灵魂将被抽绎殆尽，成为无空间向度和时间维度的“空心动物”。感官反应愈发敏锐，心智就愈发蜕化——人最终将滑向欲望和堕落的深渊。没有思想的文化将在那里着陆？

“舍命陪君子”，这个酒场上沿袭千年的交友观念，而今演化成喝酒的简单方程：干杯。“舍命”的背后，让人看重的是“情谊”两个字。这种情谊蕴含着对客人的“尊敬”与忠诚，是酒桌上的一种“人礼”。客、主在享受这一“人礼”过程中，既可感动别人，也可感动自己。进而实现一桩双方独有的心愿。

有人将中西文化做了比较，认为中国与西方相比，不太重视外向的追求，而是重视内向的追求和人际关系的完善，是个很在意交往礼节的国度。这种“人文主义”的文化，把对理想、事业的追求，框在人际关系当中。而人际关系的核心也就是“礼”。因此，当今酒场上有句口头禅：“宁愿肠胃穿个洞，不让感情开裂缝”，致使官场“应酬”之风越来越严重。尽管这种应酬很苦也很累，但却依然故我，不见悔改。显然，中国今天的大吃大喝之风，绝不是用“资产阶级思想腐蚀”所能解释得了的，恰恰相反，它们的“基因”都是来自那些古老的幽灵。

几千年来，人们总习惯于用酒去融解人际关系中的冰霜，酒席便成了沟通感情必不可少的媒介，正所谓“无酒不成席，无酒不成礼”。深受儒家文化影响的中国人，能不以酒来完成迎宾待客之礼么？非礼则为不“仁”。国家干部、共产党员，乃至平民百姓，谁不愿意做一个“仁人”呢？

新华网曾有这样一则消息：一位基层党委书记，已经因为喝酒过度，正在卫生所打吊针，听说又有客人来了，立即拔了针头过去陪酒，他就是舍命也不想做一个不“仁”的人。

这就如同最高雅的君子兰，可以在这里变成最俗气最疯狂的交易；世界上最高雅的桌球运动，可以在中国变成最低级的赌博形式一样。酒，这个几千年的宠物，一旦被卷入古今的潜流与商品经济潮头的旋涡之中时，它的价值很快就被扭曲了，变质变味了。过度喝酒通常是因为互相敬酒、劝酒、逼酒等低俗的酒文化而来。你看，酒宴上那些利用杯中香气馥郁的友好液体，向围坐在桌子面前的客人依次敬酒，最后大都变成了“罚酒”。

这种“敬酒”，已异化为令人难堪的强人饮酒，或单挑、或围剿、或投下井之石，运用各种冠冕的理由，千方百计要把别人灌醉，其言辞绝对世界一流，纵然这场酒、这杯酒，违背了你的诺言、打破了你的清规戒律；纵然有绝佳的口才、海样的酒量，也难以招架这样的“敬酒”，而让人不得不喝。

本来，这样的头脑，这样的口才，应出现在科研和创业的舞台上，出现在与外商谈判的唇枪舌剑之间，而中国人却把它用在酒桌上。“异化”至此，真不知让人说什么好，我们中国人怎么会形成这样一种令人尴尬丧气的饮酒哲学！

汉字应酬的“酬”字，本为宾主百拜。“州”极似人敬酒之状。三杯而已，以表敬意。有人善饮，有人不善饮，以“不喝就是看不起我”相逼，就是石崇之流了。石崇逼人喝酒，不喝就杀侍女。酒本精华，竟被蠢物糟蹋了。

其实，酒有酒性，酒有酒魂，好酒是有生命的。对于生命，尊重和理解是最基本的底线，也是一种最高境界。懂酒的人，他与酒之间的默契，本身就是一种情趣。中国古人饮酒讲究一个“酌”字。“酌，盛酒行觞也。”用小勺舀，酌情、酌量。愿饮多少饮多少，宾主尽欢，其乐融融。故有人说，酒之意境在“独酌无相亲，对影成三人”的幽和美；酒之趣在“情事会融透玉杯”的相恋相融。

古代文人雅士饮酒，更是体现出士大夫阶层的审美情趣和悠闲心理。文化从根本上说是空暇的产物，所以文化的艺术根本是悠闲的艺术。从中国人的观念看来，用智慧来享受悠闲的人，便是受教化最高的人。因为劳碌和智慧在哲学的观点上似乎是背道而驰的。

养成喜闲散、优游自在、乐天知命的脾性，常常是诗人的脾性。因此，历代文人雅士都把“高雅、豪爽、真率、知已、知交、玉人”作为饮酒对象；把“花下、竹林、高阁、画舫、幽馆、平畴、荷亭”作为饮酒地点；把“春郊、花时、清秋、新绿、雨霁、积雪、新月、晚凉”作为饮酒季节。一位中国作家列举饮酒时应具的心胸和最适当的地点说：“法饮宜舒，放饮宜雅，病饮宜小，愁饮宜醉，春饮宜庭，夏饮宜郊，秋饮宜舟，冬饮宜室，夜饮宜月。”其妙境在于“酣”。甘甜在酒，也在心。酣畅酣悦之时，佳文绝书涌动。尤其酒饮半酣时，友情酝于心中，烦恼化为云烟，顿觉酒是酣酒，情是醇情。“醇”字含“享”，有酒、有友、有心情，真是人生大享受啊。这种感受，充分表现出他们对超尘脱俗境界的推崇，对温文尔雅风度的追求。在这里，酒被诗化、雅化、净化了，由一个桀骜不驯的“野人”变成一个温柔娴静的“淑女”。

在日本学术界，有一个“每月一部经典”的读书会。由于日本学者治学严谨，一个观点、一个概念，没有十分把握不敢下判断，很多大胆的创见因为不成熟而憋死娘胎。因此，在每次正襟危坐的读书会后，还有个“文酒之会”，还是谈学术，可气氛已大不一样。因有酒助兴，思路大变，且有悟性，摆脱了平日过分注重实证的倾向，脱口而出的都是大胆而创新的断语。故有学者说，如果想与日本学者真正对话，必须学会在微醺状态下讨论学术问题。

此种境界，用诸如高雅、浪漫之类的词语是无法概括的，它拒绝语言，拒绝形容词。他会将目光放得更长远，更有宽度；他不会略过酒背后的故事，它们与自然有关，与风雨有关，与劳动有关，它们参与并成了酒品质的一部分，期待着能够饮懂它的人，知它艰难，知它不易，知它跋涉过的漫长岁月，知它精心酝酿成就的品质。

法国人喝酒意在品尝，小口慢饮，极为优雅。他们对酒的态度，和对绘画、音乐一样，把酒当艺术品来看待。喝酒是在欣赏味觉艺术，特别是喝葡萄酒，慢条斯理，讲究颇多。

喝酒很容易，但培养出对酒的感觉，就像培养出对艺术的感觉一样，绝不是一两天就能做到的。可如今我们有多少人懂得饮酒的那个“品”字？

“品”，是对酿酒的反向寻找。寻找它的真，寻找它对时光的悟性。“品”，这三个“口”字形成天、地、人的融合统一。最天然的粮食，最纯澈清甜至纯的水，几千年传承下来的好工艺，最好的酿酒心情，最恰当的一切环节，最后再碰上该饮、会品的人，这个品字就升华了。在特定的气氛中开启，随着粮食、果品的精华在浓缩中绵绵漾开，终品出那酝酿的漫长过程，万千情绪融化在酒的跋阳涉月之中，有多厚重的品质就会品出多久远的酿造。

中国是“礼仪之邦”，天底下中国人最讲究吃喝。外国人就是这样夸我们的。我们也就以此为自豪，醺醺然以为讲“礼仪”论“吃喝”，中国是盖世无双！可叹的是如今大多数人却远离了古人喝酒时的那个“酌”字。你看那官场的公宴，商家的应酬，冠盖如云，高朋满座，豪华扫荡了真情，商风吹走了诗意，金樽盛宴淡化了“浊酒一杯家万里”的人间情怀，纵是仙醪之饮，仙姬之舞，也因与宴者心存功利、意在逢迎，而抵不上“围炉一火，闲酒三杯”那般气暖人和。

谁懂得酌，谁懂得品尝，谁就能把握住短暂的生命。可中国人却把这个“酌”字，异化成大吃大喝，异化成交往之“礼”，且愈演愈烈。逢年过节、婚丧嫁娶、添丁增岁、建房乔迁、升学就业等，酒池肉林，喝得山呼海啸。

2009 年 3 月 9 日《重庆时报》报道：该市璧山正兴镇卫寺村薛家庄一亿万富翁为老父过 80 岁生日，参加寿宴者达一万余人，政府派来卫生食品监督人员、政府工作人员等前来保障安全，寿宴现场人山人海。这种摆场面摆派头的背后，显露出一种“小人得志”的浅薄和炫耀。

温州一名富商结婚，包下了温州市王朝大酒店所有宴会厅，摆酒席数百桌，四方宾朋来了将近 5000 人，收到红包礼金几千万元。温州结婚“送人情”之盛，为全国罕见。不少温州人把结婚请柬称为“红色催款单”，从内心深处反感这种现象。

据《江南都市报》2008 年 5 月 7 日报道：南昌市广场南路 15 号的邓某，是某单位中层干部，人缘不错，“五一”期间连续赶 6 场喜宴，结果因胃出血住院。不料家中遭窃，损失上万元。但邓某家人在报案时却乐呵呵的，原因是本应再赶几场喜酒的邓某，终于有“理由”摆脱宴席！

近些年来，中国的“人情消费”逐渐泛滥，用来传递真情的“礼”变得越来越庸俗化，铜臭味十足。礼金的价码不断攀升，很多人为了面子相互攀比，勒紧裤带，强装笑颜，甚至不惜举债送上一份水涨船高的“人情礼”。“礼”，正从人情的“调节剂”变成畸形的“人情债。”

《生活报》曾报道黑龙江省青冈县有两位教师家里办喜事，在一起工作的同事由于送礼太多而手中没有钱，无奈，40 多人写了一张欠条，作为“贺礼”送去，成了“人情风”中的一个奇闻。

“请客送礼”中的行情融成了人间的“酸甜苦辣”。

人人都知道喝酒的苦，

人人也都知道请酒的苦。

一个“礼”字，到了孔老夫子那里，几乎成了中国传统文化的核心内容。正如李国文先生所说：“礼”的学问之大之深，非一般人能穷其究竟。所以，老百姓便将复杂的学问简单化，将“礼”落实在待人接物的“礼貌”上。因此，礼貌一词中的这个“貌”字，很可推敲，颇有讲究，且耐人思索。这个“貌”字，既是别人眼中的你，也是你眼中的别人，诸如体面、脸面、门面、表面、情面、颜面等外部形象，无不与“貌”字相关。所以，国人之礼貌观，首重面子，是有大道理的。

“礼”演绎成“吃喝”，吃喝又演绎成“面子”。酒，被异化为请客送礼、盲目攀比的象征物，使许多美好的、高雅的、新生的东西，一到这最古老的土壤里，就像烤酒一样，马上被古老的文化习俗、传统礼教“同化”了。历史的包袱如此沉重，社会的变革怎能不举步维艰?

卧醉美人膝，醉掌天下权。酒，又总随同美女在一起。夏桀、商纣、周幽王、陈后主、唐明皇无一不是在享用酒的同时又享用美女的。你看：杨贵妃醉酒未醒，醉韵残妆，鬓乱钗横，由侍儿扶上沉香亭，那醉态曾令唐玄宗心旌飘摇，魄荡神昏。“缸花杯影美人风。”美人与美酒两者是这般妙不可言。美人如水，酒本身就是水。

然而，纸醉金迷风月场中，需要香艳。似乎酒桌上没有女人，就没有了活跃气氛。是的，女人饮酒，尤其是美女饮酒，较之喜欢豪饮的男人，别有一种撩人情怀的凄楚之美。所以，杨贵妃醉酒那种轻袖狂舞的倩影，得以永远留在了戏剧舞台上。

男人爱与女人喝酒，似乎是一种天性。齐威王问淳于髡能饮多少酒？淳于髡回答说，臣饮一斗醉，一石亦醉。威王问他既然一斗而醉，何能饮一石？淳于髡说，在皇上侍侧一斗便醉，若男女杂坐，“握手无罪，目眙不禁……”，能饮一石。

古希腊哲学家饮酒谈天时，也有几个女子夹杂其中，以使饮酒谈天可以具有必不可少的轻倩性。饮酒谈天如缺乏轻倩性和愉快性，即变为沉闷乏味，而哲学本身也就变为缺乏理智,和人生相隔离了。

无论在哪个国家,不论在哪个时代,凡是注意了解生活艺术的文化者,都一致欢迎女子加入饮酒谈话。雅典时代即是如此,十八世纪法国的沙龙时代也是如此。就是在古代中国,男女之间虽禁止交往,但历代文人都渴望女子加入他们的饮酒谈天,尤其在晋、宋、明三个朝代,当清谈艺术最为流行时,都有许多才女如谢道韫、柳如是、王朝云等,掺杂于中间。中国男子虽对自己的妻子力主贤德,回避男人,但自己却免不了极想和有才有貌的女子为友。因此,中国的文学史中,差不多随时都能发现才女、名妓的踪迹。男子饮酒谈天时,渴望有女子参入,以调剂精神,乃是一种普遍愿望。

苏东坡在杭州就经常与酒和妓女打交道。酒可让人超凡脱俗,而妓女中则不乏灵气和悟性很高的奇女子。对于诗人来说,和酒与妓女的交往,是灵性生活与感观生活的统一,诗性与哲理的升华。

杜牧是一位风流才子,他曾写过《战论》《守论》等充满血光之气的文章,很想在经国大业中有一番作为。由于壮志难酬,他经常苦中作乐,在酒杯与脂香粉艳中寻求解脱……人们只要一提起诗人杜牧,便会想到扬州的青楼酒馆和二十四桥的丽人倩影。

毫无疑问,酒并不是男人的专利,它也是女人世界里一枚作为点缀的精巧首饰。不会饮酒的女人,少了美酒流光和面若桃花的情景,也少了些许生活情趣,很是一件美中不足的憾事。倘若女人能在酒场任性,那简直胜于在家里撒娇!

在酒场上,有了女人,特别是那种年轻姣好又能喝两杯的女人,会把气氛燃得更旺。男人是烈酒,女人是一把火。女人坐在身边,只要她那双白嫩绵软的手把酒端过来,男人都会慷慨笑纳,一饮而尽!

女人喝了酒,那白皙的脸庞因酒而艳若桃花。明眸下,便泛着无限春波,身体最隐秘的美,全在那一刻绽放。并从中透露出女人的真性情:那些酒到杯干,来者不拒的女人,豪放!个性热辣,是极好的红颜知己,但很难成为一个好妻子；别人频频相劝，就是点滴不沾的女人，标准的淑女；喝得不多，却爱装醉的女人，聪明，自我控制力极好，而且做事讲究手段，目的性很强；不该醉时偏醉的女人，太容易动感情，是那种爱起来天翻地覆，闹起来鸡飞狗跳的女人；在得意时猛喝酒的女人，外冷内热，个性及情感一如沉默火山，不发则已，一发惊人！

女人饮酒是风景，和女人抽烟一般，因为那么一点不寻常，就更吸引男人的目光。这种目光，让多少男人做了女人的俘虏！故在中国传统观念中，名声最坏的是“酒色”二字。

花有清香月有阴，饮酒寻欢，好不惬意。是的，酒是色媒人。三杯落肚，便色胆包天。当年西门庆勾引潘金莲，便正是她“一盅酒落肚，哄动春心”之时。因此，自古以来，人们把酒视为“淫乱的祸首”。

淫乱的酒，拨人心弦，乱人双目，扰人心智。故贪官之侧必有情妇，使之染上了桃红色。这样，由酒演绎的风流韵事，流传起来就更有声色。

从古到今，与寺院的清静形成对比的是酒楼。在有些人眼里，酒楼是至高无上的圣殿，“天子呼来不上船，自称臣是酒中仙”。坐在酒楼里，便可以满不在乎地藐视人间的最高权威，文人因酒而狂放，皆基于此。也许正因为这个原因，酒又往往成了文人的灾祸。康熙二十三年，清代文坛上被称为“南洪北孔”的戏剧家洪升，为庆贺自己的生日在家设酒宴，并演出自编的《长生殿》传奇。酒也喝了，戏也看了，这班文人都有点头脑发热，没想到当时正值太后去世的“国丧”期间。结果，在场者全部革职拿问，洪升和那班演员的下场就更不用说了。这是中国戏剧史上的一次大事件。

因为酒的存在，使世间所有的距离在醉者心里瞬间都变为零，所有抵达的障碍都变为无，变成了一个可随意压缩与穿越的透明物体，所有的远方，都可以自由地拉到近处，所有没法穿越的地域，都被横扫而过，使人进入可以平视千山万水的成熟之道。

春夜放歌须纵酒。中国历史上充满了悲剧，但中国人怕看真正的悲剧，最终都有一出高举酒杯把赞歌唱,以博得情绪的安慰,心理的满足。可现代中国人只知道在到处努力制造喧嚣,而无心酝酿舒缓的歌声。“醉生梦死”成了一些人奉行的人生哲学,他们再也不谈信仰,不谈理想,不谈爱情。圣洁与庄严、崇高与献身像一匹瘸脚的黑马羞涩地躲进灵魂深处。取而代之的是感官的享受、钱权的贪婪、痛苦的放纵。堆砌了几十年的白塔仿佛一夜之间就坍塌了。理想主义,这个高贵的美人被逼在墙角哭泣。

人类从蒙昧走向文明的历史,可说是不断祛除野蛮、暴戾、血腥的过程,也是不断去恶向善的历程。

在这一过程中,必须先感到人生的悲哀,然后感到人生的快乐。这样才可以称为有智慧的人类。因为我们必须先有痛苦,才有愉悦,有悲哀而后有觉醒,有觉醒而后有哲学的欢笑,加上和善与宽容。

在漫长的岁月中,人类开发和借助宗教、道德、规则和法律的力量,来约束桎梏人性中的恶,为生命的尊严和安全构筑了一道一道屏障。可人性中的恶如同魔瓶中的恶魔,一旦被酒释放出来,就会成为人类的灾难,造成惨痛的社会悲剧。

酒是仇人的火焰,又是朋友的温情;酒是痛苦者的发泄,也是人间的狂欢。酒中的意味实在太深长,所以无论中外,从古至今,才有那百色千姿的酒香,正如一副俗联所云:“醉里乾坤小,壶中日月长。”它很精辟地表现了酒的奥秘,可与爱因斯坦比肩。《相对论》讲到:“把一尺之物投于太空,以每秒16.1万哩的速度进行时,它只有半尺。”酒与人的奥妙与此庶几相近。

酒,对于政治家来说,不亚于手中的武器。在宴席上可以使他得到战场上得不到的东西。

对于商人来说,是变幻莫测的魔方,在推杯换盏中能使他招财进宝。

对于文人墨客来说,是诱发灵感的酵母,借这杯辛辣的苦水来浇自己胸中的块垒，抒发悲壮情怀。

对于朋友和情人们来说，是联系感情的纽带，在觥筹交错中品尝着人生的乐趣。

对于胜利者是奖章上的光环，对于失意者是逃避现实的麻醉剂，而对于无权无势的平民百姓则是炸开“后门”的“手榴弹”。因此，可以说酒是社会生活的一支温度计、晴雨表。什么时候酒的温度上升，什么时候社会生活就一定多了这样那样的问题。

一群青年男女在海滨游泳嬉戏。

某公园。一对情男恋女在月下漫步。

一个清明的天地，一个朗朗乾坤，一个充满幸福的世界，一定是酒潮陷入低谷的世界。

然而，人们的生活习惯正在打破旧的框框，闯入新的境界。新的人际关系如洪水一般冲决了旧的堤岸。面对这样一个高速度、快节奏的时代，酒成了一个被误读的角色。它以慢的方式，参与到快的节奏之中；它以安静的品质，成为很多人发泄和寄托的工具。

都说人生痛苦太多。也许，只要人生有痛苦，海洛因和酒都难以绝灭。中华民族这几千年的历史，就是醉了醒，醒了醉。

纵情任性的时代是人性解放的时代，我们向往之。看来，只有在柏拉图和马克思等伟大思想家所设计的许多理想的社会里，酒的事业才会日薄西山。因为，在这个社会里，所有现存的社会弊病都将克服，一切焦虑、不安情绪都将随着社会的完美化而消除得干干净净，人们无须借助酒来调节自己的精神，可以用优雅的笔和键盘来书写历史。毕竟，它比用刀枪和大炮书写更为省力，也更具审美效果。至少，每个时代的句号，不需要一颗颗血淋淋的头颅来代替。

可以这么说，酒集神圣、高贵、典雅、勇敢、温柔于一体，由此构成了一个完整的美酒哲学。是的，当人在欢乐之时，酒是对欢乐之前所承受的种种负担和重压求得最大限度的松弛和解脱。而在悲哀时,则是为了立竿见影地求得对痛苦的麻醉和安慰。看似二律背反走向两极,其实,这两极原来是相通的。因而其本质与海洛因的刺激与麻醉功能没有什么不同。

湖南湘阴北汨罗江。

汨罗江,这条默默流淌的江河,曾留下了我们历史上一曲哀歌。至今,我们还可以从这浪涛里听得出一种深深的叹息。约公元前 278 年,楚国伟大诗人屈原,在这里投江自杀了。

这位中国历史上最伟大的爱国诗人毫无疑问是绝望了。他的绝望是由于“举世皆浊我独清,众人皆醉我独醒”的痛苦所致。显然,在“众人皆醉”的表象背后,隐藏着的不仅仅是屈原一个人的绝望,而是整个民族灵魂的颓败。

是的,在“众人皆醉”、整个社会都沉湎于酒,或者钟情于酒的年代,这个社会也就一定出了毛病。不是欢乐失去了控制,就是痛苦失去了控制。

如果一个社会、一个民族,真的是“众人皆醉我独醒”的话,那么,这个“独醒”着的“我”,是无力拯救整个社会、整个民族的。相反说明这个民族的希望十分渺茫。

澄清人们对酒的认识,有利于人们对酒的把握。古往今来,我们总是喜滋滋地庆贺自己不断地酿造出新的名牌美酒,却疏忽了被人酿造出的美酒,反过来改变着人的世界。

人类发展了猴子的创造,同时也发展了猴子的悲剧。我们走进了猴子的悲剧,却没有从猴子的悲剧中走出来。当人类对自己种种的发明创造充满自豪和骄傲时,又不能不对酒的发明创造抱着深深的遗憾。

第九章

利益乱象

酒本是灌注于人的精神世界中一种生命节奏，发自性情、补于修养，可观今天之酒人酒事，均成了某些人满足私欲和利益角逐的疆场。许多关系网的死结靠酒解开、许多利益交易靠酒融通……为牟取暴利，有人制造假酒、贩卖假酒、走私名酒，运用“黑嘴”机构炒作，连“评优”也成了阴谋家的较量，频繁的假酒事件偷走了人们的安全感，让人类的贪欲在酒面前暴露无遗，让道德和正义在内心昏昏沉睡。

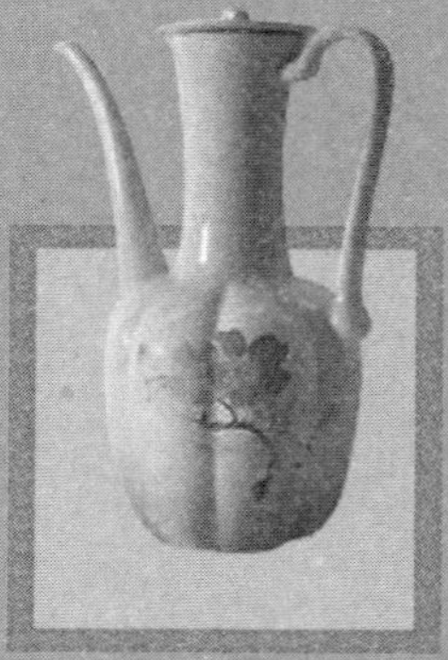

马克思说:“人们奋斗所争取的一切,都同他们的利益有关。”酒,也被人赋予了这一神奇的社会功能,成了一种变幻莫测的魔方,成了转动尘世机器的“万能润滑剂”。

“有酒能使鬼推磨。”一切有求于他人的人,无不深谙这层可知而不可言的道理。一些事情如果没有酒就玩不转。有了酒,再难的事情,也能在酒杯传来递去的碰撞声中迎“酒”而解。许多在办公室难办甚至办不到的事,都在美酒佳肴的欢宴中妥妥帖帖地办完了。

在阿拉伯国家,你若与他们谈生意,必须把酒拿掉。而在中国,你要谈好一笔生意吗?那么,得摆上几桌酒席。你看,当杯盘狼藉,每个人都春风得意而又双眼迷蒙的时候,生意也就在皆大欢喜,也“皆大糊涂”中拍板成交了。

利益高于真实,更高于道义。在市场经济刚起步的20世纪末,如果你要把一架有毛病的电话机子修好,那么,先把酒杯举起来吧。

你看,几盅美酒下肚,电话也就通了。

是的,倘若没有酒,信息是不会通的。酒就具有如此这般夺关斩将疏通关节之妙用。许多关系网的死结,就要靠酒解开。谁都知道,与基层政府、部门维系关系的“武器”,就是“请客喝酒”。事情办到哪里,酒宴就摆到哪里。

你看,这些农民们要向水利部门申报专款兴建水利,来浇灌这片干枯的禾苗。那么,你必须在禾苗没有喝到水之前,先在酒桌上“勾兑”一番,否则,就要“野田禾苗半枯焦,水利公仆把扇摇”了。

20世纪90年代,社会上流传的一些顺口溜,颇能反映我国传统酒文化价值在历史巨变中的堕落。如“大盖帽,两头翘,吃了原告吃被告”,“要过卡,先备烟酒茶”等等,都是一种掺和着私利和卑劣的小小交易,赤裸裸地体现利益驱动在起作用。

这些人尽管都是不入流的小官吏,但他们“靠山吃山,靠水吃水”,也就加剧了人们对社会风气的迷惘与困惑,冲击着人们对社会正义的信念与信心,并诱使更多的人滑向“腐败者”的行列。

“酒杯一端,政策放宽。”中国人似乎人人都懂得这其中的奥妙。一位县长说:“四菜一汤,项目跑光;财神不来,县长难当。”

四川省贫困地区的一位行署专员说得更坦率,钱财物许多东西在人家手里,给我可以,给别的地方也行。我们是贫困地区,本来就有诸多不利条件,要争点投资、上个项目,不让人家吃得舒服,喝得惬意,行吗?我不怕人家吃、人家拿,怕的是人家不吃、不拿!

酒,成了擅权作为的撒手锏,原则和规矩成了摆设。许多资金是靠酒灌出来的,许多政策待遇、特殊支持是靠喝大酒喝出来的;许多工程项目、巨额贷款、转移支付金,是靠喝大酒攻关夺隘、打通关节拿下来的。

功利剥夺轻松,奉迎增加烦恼,这对每个人都是一样的。

江苏省宿迁市委书记张新实在他的博客上写了一篇网络日记,文中记述了他在考察一个招商引资大项目时,硬着头皮,一仰脖子,把一大杯白酒一口干掉。结果稀里糊涂地醉了,第二天上午还吐了几次,难受得翻江倒海。

在许多接待或应酬场合,酒场就是战场,酒瓶就是水平,酒风就是作风。一旦上了场,便不能考虑卫生,不能顾及身体,而简直要有赴汤蹈火、视死如归的精神。酒杯中隐藏着的可说是经营之术,温媚之态。

一位基层干部感叹地说,这种为了工作而“献身”的喝法,喝坏了身体不说,还得不到应有的谅解。基层钱少事多,每年机关顶多千把块的人均经费,工作要做,项目要跑,跑上级有关部门求资金项目,必须努力喝酒;做群众工作时,还必须低头喝酒,必须把“政治酒”喝到位,必须喝足“人情酒”。

在内地某省,我们听到这样一则民谣:“政府出了一笔钱,买了我们一片田;天天‘开发’酒和舞,就是项目不沾边。”民谣讽刺的是某县开发区建了38个厂房,投资上千万元,闹腾了半天,没有结果:钱丢了,田荒了,开发区一个项目的影子都不见。老百姓见到的是什么呢？是当地官员招商时进进出出陪酒陪舞的忙乎劲。酒城舞乡，泡坏了党风政风，并没有泡来客商。许多官员喝坏了胃，跳腻了舞，客商来了还要喝，还要跳，生怕引不来客商。吃喝的好坏关系着接待的好坏，接待的好坏关系着感情的好坏。而一旦下级与上级的感情建立不起来，则种种资助、关照和倾斜政策都可能成为泡影。故而，甘肃省天水县政府门口墙上挂着一条标语："接待就是生产力。"

为发展这一生产力，某省银行女职员因陪上级领导喝酒，当场毙命于席间。某地委办公室主任因一天陪七拨客人喝酒，尽管喝得不多，每次只是意思意思，但第七拨下来，已醉得不省人事。他不知道，死神正在一个不远的地方等着他。

《新京报》记者林野报道：2013 年 9 月 17 日，浙江省一位母亲因儿子是国税部公务员，经常在外应酬喝酒，她担心儿子身体健康，在微博上向中共浙江省委组织部部长蔡奇求助，部长微博回应：你儿子"今后可以不用喝酒了"。此事引起网友广泛关注。

蔡部长一句话点破了官场酒文化。民间有句顺口溜："公家出钱我出胃，吃喝为了本单位。"在我们这个"关系社会"中，权力可以使简单的事情变复杂，也可以使复杂的事情变简单。于是，有人发现了一个诀窍——很多事在酒桌上比在办公室更容易解决，酒杯一端，谈笑之间那些"复杂的问题"均能简单地迎刃而解。大事化小，小事化了，"豆腐渣工程"，虚假数字通过了；不该拨付的款项划出去了；一些"歪"干部提拔上来了……从而使吃喝慢慢变成了一种潜规则，这就难免公权与利益走私。尤其在经济活动中，官商就开始"常来常往"。他们经常坐在酒楼猜拳行令，大吃大喝。你是官员，给我公司、企业招揽生意，减免税费，多开绿灯介绍项目工程；我是老板，我给你购物卡、送红包，请你喝茅台、上舞厅。

事实上，不少人的工作就是如此——不是请人喝酒，就是被人请喝；不是陪人喝酒，就是被人陪喝。在中国，喝酒事关友谊、事关生意、事关面子、事关仕途、事关成败、事关未来，因而从来都不是小事情。在官场的酒桌上，有句民谚："能喝六两喝一斤，这样的干部可放心；能喝白酒喝啤酒，这样的干部当不久。"这类顺口溜已不仅仅是玩笑，而成了一些人的"行为准则"。在很多情况下，所谓"久经考验"，首先是"酒精考验"。给领导敬上一杯"特供"酒，灵魂在权力的芬芳中自由飞翔。

"不愿意吃，却不得不吃，归根到底是潜规则在作怪。"河北省一位副县长说："公款吃喝只是表象，背后是更大的利益交换。"有了利益，那些酒徒、酒鬼自然蜂拥而至。原本能喝的，当然要充分发挥自己的优势，力求获得上司的赏识；原本酒量不济的，也要奋不顾身冲上去，酒量不好态度好，或许能混个合格……因而有因喝酒而殉职的，有因喝酒获得提拔的……可酒桌上混出来的前程，算什么前程?!

在如此风气助推下，不少人每天像赶场似的奔波于大小宾馆之间，不是因为政务的辛劳，而是因为酒宴太繁盛。山水太迷人，宾客太多情。也许有人认为这是一桩挺不错的美差，自己既很风雅惬意，送往迎来，又是公关的绝好机会，宴客旅游，钱是公家的，却可以用来巩固和发展自己的人际关系，这对于日后仕途腾达无疑相当重要。

利益使人的生命活动压缩到一个极为有限的空间，它舍去过程也便舍去了生命体验的丰富可能，它导致一种功利主义的生活态度，它使人的感情逐渐趋于麻木，它使人的深刻存在演变为某种目的的手段。1998 年 4 月 6 日《中国质量报》刊登的一篇文章讲了这样一则故事：某领导下基层检查工作，只问每月吃喝账目是多少。起初基层领导认为是上级要追查公款吃喝的事，便隐瞒少报了数字，谁知上级一听，立即拍案大骂，说你这镇长怎么当的，每月才吃这么点钱，你接待工作怎么做得好，你的感情生产力又怎么发展得起来?!

有人说，在中国，当官其实没有太大的学问，无非是揣摩上司，投其所好。这就迫使一批公仆在遇到权力更大的公仆时，不得不费尽心机在"软件"上下工夫。在基层，凡是上面下来的人，“尊尊菩萨都是神”。他们有的是顶头上司，管人、管钱；有的是业务主管部门，管项目、管技术；有的是被称为“无冕之王”的媒体人员，管形象、管声誉；有的是执法执纪部门，管罚款、管抓人。可以说，这些人不论职务高低，都掌控着一定的“生杀予夺”之权，如应酬得当，各方面关系融洽、联系渠道畅通、人气旺盛、工作顺利，甚至能逢凶化吉，化险为夷……

“同喝一杯酒”的情谊，使中国人的人际关系温情脉脉，什么政策、规章、天理、王法，都有可能被它消解。毫无疑问，在这种酒权“交易”中，局部的利益有时确实能保住，但国家的整体利益则被损害了。尤其令人痛心的是，一大批大大小小的公仆被日渐腐蚀！

现代社会是一个目的性极强的社会，人们在做任何一件事的时候，总忘不了首先拿酒去融通关节。国家机器的运转靠酒来润滑，这就不是可喜而是可悲的了。我们的理论习惯于联系历史，我们的批评习惯于绕开现实。在权力的庇护下，以酒公关等问题，进一步加深了人们的疑虑，让公共部门与民间的矛盾更为尖锐。

在利用酒进行利益交易的同时，一种变异的酒现象也在中国大地令人吃惊地蔓延着——

假酒！几乎所有的中国名酒、各种高中档酒都出现了假冒产品。一种创新酒投放市场不到一月，假冒产品便堂而皇之登堂入室。从 20 世纪 80 年代开始，假冒之黑潮一浪接一浪，形成一种可怕的多米诺骨牌效应。

这是 1991 年之夏，研究人类古文化的日本史学家大野一郎远涉重洋来到南昌。他在某商店买了一瓶杜康酒，想从杜康酒里品出中国酒文化的某种独特韵味。

然而，大野先生迷惑了——你看，他斟满酒杯细细品味了半天，也品不出杜康酒瓶里倒出来的那些晶亮的液体，其辛辣苦涩之味到底属于中国酒文化中的哪一脉哪一支。对于一个源远流长的文明古国，他不敢轻易否定什么，尤其是象征着文化乃至历史进程的独特一类——酒。

他没有想到，那是一瓶假杜康酒！

假酒！假酒！假酒……

假酒的信息从来没有以今天这样高的频率刺激着中国老百姓的神经！

1998 年，有关假酒的报道以空前的密集程度涌上中国大小报刊的版面和电视台的荧屏。

不少人估算，我国市场上的假冒伪劣商品充其量只查处了其中的 1/10，至少还有 90% 的假冒伪劣商品还在市场上横行。

1997 年我国国民生产总值是 6 万多亿元，假冒伪劣商品为 600 亿 ~ 1200 亿，而其中假茅台酒"创收"就近 1 个亿。

为保卫国酒，国家工商总局曾于 1999 年中秋月圆之际，召集全国各地工商部门在贵阳市召开了"保护茅台商标合法权益案件协调会"。会议期间，代表们观看了由中央电视台"经济半小时"摄制的《国酒保卫战》专题片。其间，有多个由记者在贵州、四川等地暗访茅台酒侵权产品制售黑窝偷录下的场景，令人触目惊心；而不少侵权者和产品甚至公然在成都、长沙举办的全国糖酒商品交易会等场合招摇过市，大做广告。

有人说，一部茅台酒发展史，堪称一部打假史。据统计，贵州茅台酒厂每年的销售量大约为 20 万吨，但全国每年市场上的茅台酒销售量实际数有 200 万吨，如此算来，大约有 180 万吨，也就是市面上有 90% 的茅台酒，都是假酒。有趣的是，假酒贩卖商还高价收购茅台酒瓶，用于真瓶装假酒。据称 53 度贵州茅台酒瓶每个价格约 850 元人民币；30 年的酒瓶每个要 2000 元；50 年的每个 6500 元，80 年的至少要 10000 元以上。而这些空酒瓶大部分流入了制假者手中。为了最大限度击退假冒侵权，茅台酒公司每年的花费都在千万元以上。但由于缺乏政府支持，很多情况下，他们都感到力不从心，尤其是遭遇地方保护主义的时候。

一片如此混乱的土壤,给心术不正的造假者提供了可乘之机,他们企图在虚假和混乱中悄然搭建通往真实的楼梯,致使造假酒、卖假酒在短短十几年时间内,便蔓延成“燎原”之势,贩卖假名酒的队伍,活跃在中国内地的许多角落,假酒世界一派勃勃生机,假得汹涌,假得闹猛。

这是江浙沿海,你看,这些小工厂专门印制假名酒商标,伪造名酒防冒盖。

在河南台前县,9 个乡中就有 5 个乡 16 个村约 500 多人从事制造销售假名酒。

陕西凤翔县 118 个小酒厂,60% 以上是冒牌名优酒,其中有相当一部分是用工业酒精勾兑而成,造成多起群众饮酒中毒事故。

假酒之害猛于虎。据统计,从 1992 年查处的几起假酒案中,就有 102 人中毒致死,1000 多人致残致伤。至 1996 年的 5 年间,全国各地先后发生的重大假酒中毒事件就达 700 余起。

1996 年 6—7 月,云南省曲靖地区发生了共和国成立以来最严重的制售假散装白酒、导致恶性甲醇中毒的事件。中毒人数高达 192 人,其中死亡 35 人,6 人失明。对金钱的贪婪,对他人生命的漠视到了令人发指的地步!

令人深思的是,工商部门为保障人民生命健康,在打击取缔制造销售假酒窝点时,却屡遭非议甚至遭人围攻殴打。非议者、围攻者、打人者恰恰又是执法者所要保护的对象!

这是一则颇具讽刺意味的喜剧,充满了黑色与荒诞!

节日毕竟是不平静的。谁也没有注意到圆桌中央那清澈的美酒,会是一场灾难的根源。1998 年 1 月 6 日,除夕夜,牛年最后一个“欢腾”的夜晚,山西朔州、大同等市数百群众因饮用含有过量甲醇的散装白酒而中毒,其中 27 人死亡,事件震动中南海,引起党中央领导的高度重视,也使千千万万还沉浸在虎年春节喜庆气氛中的中国人感到一丝寒意。

山西毒酒案不仅使那些无辜的消费者遭受侵害,更牵动了无数中国人的心。一时间,四方谈山西酒而色变。从而,扰乱了市场,破坏了生产企业的声誉,使被假冒企业占有的市场一块块地丢失,甚至有的企业因此步入困境。具有1500年历史的汾酒在这次假酒案中深受其害,仅2月份直接经济损失就达1000万元。

黑色的日子永远提示着一段黑色的记忆。山西朔州文水县假酒案,判处6人死刑,4人无期徒刑,在社会上引起强烈反响。然而,这么多事故发生,你看到哪个主管领导出来承担过责任?

沉甸甸的问号,悬在工商行政管理人员的心上,悬在千百万人民的心上。

造假酒,贩假酒,是当今最有利可图的行当之一。在酒类家族中,名酒价格畸形地高高在上,比那些稍次一点的高出几倍、几十倍乃至上百倍,用几元钱1斤的酒去冒充茅台酒,一瓶酒就能赚七八百元,甚至上千元,一夜之间弄出一吨酒,转手就是过百万。其暴利仅次于海洛因、鸦片,故有人将假酒称为"第二贩毒"。

巨额的暴利,不能不诱使越来越多的人去铤而走险。山西朔州假酒案的惩处,并没有抑制恶性事件的再次发生,在"热点"新闻的背后,还有着新闻。

你看,这是某名酒厂在省城搞的一次新闻发布会,专门从厂里带去的名酒居然也是假的——在出厂、运输的环节被调瓶换了包。

人类的美德驻足不前,而恶行总是在加速快跑,像滚雪球一样越滚越大,连一些国家工作人员、公司、企业乃至大酒家也见利忘义,卷入这一"黑潮"而不能自拔。20世纪20年代,英国一位名叫威特利的百万富翁,曾用美国海军水下潜艇走私威士忌,将鱼雷里的炸药换成威士忌酒。美国政府曾截获过一艘这种威士忌潜艇,里面的威士忌在当时价值达30万美元。

在同一世纪末,我国空军某领航学院所属驻四川邛崃某某部队却发明了动用飞机贩假,他们从四川空运假五粮液到盛阳倒卖,被盛阳市秦都区工商局、公安局查获。一个水里，一个天上，两者确有异曲同工之妙！

部队动用飞机倒卖假酒，在当今中国乃至全世界，都是令人震惊的事。但是，更让人震惊的事，还在后头。

1998 年 12 月 15 日《人民日报》报道：浙江衢阳县航埠谷物加工厂厂长徐国洲，用工业酒精勾兑假酒后，卖给当地农民万周家做“人体试验”，准备随后批量生产。结果，万饮酒后双目失明，徐国洲被依法逮捕。

按理说，一个造假者被揪出来，可以安慰一种情绪，给大家输送一种信心，然而现实似乎不是这样，打击假冒伪劣的口号喊了多少年，但在一些地方只是停留在口头上，斗志昂扬的仅仅是一些圈外人士、义愤的网友，而缺少体制内生发出来的“正能量”。因此，一个造假者揪出来了，可无数个造假者依然在野蛮生长。据新华社广州电：2004 年 5 月 11 日广州市再次发生假酒中毒事件，先后造成 14 人死亡，50 人中毒住院，其中病危 4 人，病重 6 人。

2004 年 3 月，南昌市工商局在执法检查时，发现南昌高新罗石村一居民出租房内有假冒的五粮液 184 瓶，剑南春 165 瓶，四特酒 24 瓶，小糊涂仙 60 瓶，茅台酒 22 瓶，水坊井酒 24 瓶，散装白酒 275 公斤，包装盒、空酒瓶共计 24505 只……

近些年来，全国的假酒事件层出不穷，令人触目惊心，谈之变色。人们为什么惊心变色？因为假酒充斥于市场。据北京西城工商分局执法人员介绍，2004 年 12 月在一家宾馆发现 33 瓶假五粮液酒，2005 年 7 月，又查出 22 瓶……

2007 年 2 月 28 日，国家质检总局公布 2006 年十大食品制假售假案件，其中酒类就占两件：即河南郑州市郑东新区一窝点制造假冒知名品牌白酒案和四川成都市夏某制售假冒知名品牌啤酒案。假冒名牌啤酒是以两种啤酒为原料，加入味精、氢、氧化钠等成分，装入回收的知名品牌啤酒瓶内。

2009 年，湖北省五峰土家族自治县的王长兵，自办作坊，生产销售散装白酒，造成 4 人死亡 10 人中毒的恶性事件……

几乎每一次造假售假大案都像一阵风飘过，国人所有的愤怒不是因为恶行，而是政府部门对恶劣行为的冷漠。每当人们把目光集中于焦点事件时，有关执法部门总是跟着媒体，跟着热点去事后执法、运动执法。而当地一些政府早已有冠冕堂皇的理由为之做挡箭牌，再用“光明”的话语粉饰太平，然后用金钱或权力摆平……不管哪种形式，最后都不了了之。有些人太擅长掩盖！

毫无疑问，假酒泛滥背后，必然存在很多“假劣监督者”。我们不缺乏法律，不缺乏制度，我们缺乏的是不折不扣的监管落实。

《三国演义》中有“凤雏”之称的庞统，不甘做个县官，大材小用啊，怀才不遇啊，于是天天喝酒，不理政事。张飞知道后，前来问责，庞统只半日就将积累的公事处置完毕……可见，监管不力，“凤雏”也不干正事。

如今，中国一些人的聪明才智都用到怎么制假和欺骗牟利上面去了。不诚信已到了伤天害理、不怕下地狱、不怕报应的程度。

道德底线的崩溃，看来不在于道德教育的力度不够，而在于“潜规则”的强大，加速了人们对“显规则”的背叛。

2005 年 6 月 25 日《江西日报》记者胡萍报道：6 月 24 日江西省质监局公布江西省市场上白酒产品质量抽查结果：抽样合格率为 42%，小型企业生产的中低档白酒产品质量问题严重。

酿酒，本是酿劳动的芬芳，酿世间的风情，可有些人却将这种芬芳，这种风情变成了损害人体健康的隐患。2006 年 1 月，国家质检总局在酒类产品质量抽查中，发现一些葡萄酒生产厂家，违禁添加食品添加剂——安赛蜜。这些人工合成的新型甜味剂，其甜度是蔗糖的几十甚至上百倍，如摄入过量，就会对人体构成危害，特别是对代谢排毒能力差的老人和儿童。

每一个专有名词都来源于相关的监督报道，每一则这样的监督报道都让人触目惊心。这种违禁添加食品添加剂的行为，随后又在河南发现。2007 年 2 月 3 日，新闻媒体对河南民权县小乔酒业有限公司等 6 家葡萄酒生产企业违法使用添加剂生产劣质葡萄酒进行了曝光。经核查，其中4家违法行为属实，产品检测结果为不合格……这些不合格的酒，将危害多少饮者的生命，产生怎样的社会灾难？膨胀的私欲，不仅夺走了我们的白天，还侵占了我们有梦的夜晚。

余秋雨说，一个国家最大的灾难莫过于人格的灾难。一些生产经营酒的企业，只顾谋取自身的狭隘利益，无视消费者的生命安全和竞争伙伴利益，甚至采取种种缺德行为，扰乱、破坏正常的市场竞争秩序。

作为世界四大名酒之一的"白兰地"，一直受到国内消费者的喜爱。然而，2005年12月25日国家质检总局公布的抽查结果却让人忧心：在对国内22家企业生产的产品抽查中，四分之一产品被判不合格。这些产品，有的感官不符合标准规定，有的理化指标不符合标准要求。有2种产品甚至理化指标酒精度和非酒精挥发物总量都不合格。

2011年12月，河北省唐山市路北区公安机关，接到某公司经理报案：该公司从武汉购买的30箱五粮液都是假酒！在对涉案酒进行质量鉴定和商标标识鉴定后，公安机关按照检察院的建议，通过监控嫌疑人再次进行假酒交易，顺藤摸瓜，最终一举破获了在广州生产并通过安徽、湖北等地最终流转至唐山的假冒五粮液销售大案。

如今国民不差钱，就差安全感。被假酒、假食品和环境污染所焦虑所折磨的人，他们的梦想就是寻找正义，简单的正义，可在处处都是陷阱的现代社会，这种正义像金子一样稀缺。2012年，酒鬼酒被曝"塑化剂超标26%"，从而引发"塑化剂风波"。中国酒业协会称，白酒产品基本都含有塑化剂成分。有个段子戏言说："以前的酒都是娘(酿)造的，现在都是狗(勾)兑的。"据一位业内人士透露："中国目前白酒市场上，至少有60%至70%的白酒属于非纯粮酿造的酒精勾兑酒。"喝酒等于直接喝水加酒精，白酒已经变样！连一些著名的品牌也如此。

而现在，不仅仅是勾兑的问题了，而是又让大家认识了一个新事物：塑化剂。那挂在杯壁的、看似黏黏糊糊的“玉液”，可能不是来自粮食发酵的效果，而是塑化剂的功劳。我们曾经感谢“三鹿”，让我们知道了什么叫“三聚氰胺”；我们曾经感谢蒙牛，让我们知道了外文术语“OMP”。而今，塑化剂，又一个跃入国民视野中的陌生新词，再次给国民上了一课，让我们知道，长期使用塑化剂超标的食品，会损害男性生殖能力，促使女性性早熟，以及对免疫系统和消化系统造成伤害，甚至会毒害人类基因。

频繁的假酒事件，偷走了我们的安全感。人们已经习惯了这种尴尬与被动的食品安全“扫盲”方式，甚至已经无力愤怒，已经“乐于”接受这种食品安全科普教育。

国酒假酒泛滥成灾，洋酒假货同样问题严重。近些年来，市场上琳琅满目的进口洋酒不断增多，其质量却鱼龙混杂，参差不齐，给制假售假者带来了可乘之机，而假洋酒每瓶的成本却只有几十元甚至十几元，销售价却在300～500元。

2012年，新华社杭州3月16日专电，揭秘进口红酒的“变脸”之旅，海岸均价仅为15元的进口红酒，在国内零售市场上平均价格高达562元，是海岸价的37倍，从“地板价”涨到“天花板价”。暴利的诱惑驱使不法经营者跟风而上，从而使“伪洋酒”日益成风。

2007年3月，江西南昌市东湖区工商局曾查获一起重大的经销假冒洋酒案。经查，该市某实业公司自2004年10月开始，从福建厦门以低于同期市场的价格购进芝华士12年苏格兰威士忌30箱（12瓶/箱）进价106元/箱；黑牌苏格兰威士忌2箱（12瓶/箱）进价115元/箱；轩尼诗VS0P1箱（12瓶/箱）进价198元/箱……这些洋酒经香港国际洋酒协会鉴定，均为假冒产品。

长沙一位从事过酒吧经营的业内人士曾向媒体透露，“伪洋酒”已占长沙酒吧洋酒消费的60%以上,他不仅披露了不良营销公司介入酒吧经营等原因造成“伪洋酒”泛滥,还抖出了“伪洋酒”产销一条龙的相关内幕。

长沙酒吧曾经多达40多家,由于各色酒吧之间的同质化竞争,导致不少酒吧倒闭。为获取暴利,一些所谓营销公关公司乘虚而入,开始介入酒吧的日常经营。这些营销公司以前也是从事娱乐业,见到酒吧利润高,纷纷“驾轻就熟”地涉足酒吧业,最常见的营销手段就是包台,即以每桌200至300元包下10到20多个不等的桌位,大的营销公司包的更多。如果今晚这桌无客,钱由营销公司赔给酒吧。营销公司还高价请来许多酒水促销小姐,一般是促销小姐从每瓶酒中提成100元。因营销公司包台付出了高昂的成本,如果销售批发进价达每瓶160至180元的原装洋酒,经营风险很大。于是,一些营销公司便用国内生产的低档“洋酒”,冒充原装进口洋酒,这些国产“伪洋酒”每瓶成本仅十几元钱,其暴利不言而喻。

灵与肉的冲突,精神与物质的激荡,潜藏在每个角落。由于经营酒类有利可图,在林林总总的各式酒馆、酒楼、酒吧之外,而今又生发出种种酒类批发门市部。据商业部统计,全国现有10多万家,仅北京、天津就有5300多家。

这些多如牛毛的批发部,借用新的旗帜登台后,直接造成酒类价格和市场的混乱以及大量的迂回运输,不仅给国家带来巨大的经济损失,也给各种违法经营活动大开方便之门,本来很脆弱的商品经济因素,又被它们所扭曲,所糟蹋!

由于造假酒要承担很大的法律风险,国内的洋酒造假者开始自己成立合法的酿酒厂,采取打法律擦边球的方法生产“伪洋酒”。这些“伪洋酒”外观上和知名的洋酒玩着“李逵和李鬼”的游戏,酒瓶外观一模一样,英文标识也只是稍微改动其中一两个字母,很难发现其中奥秘。

毫无疑问,许多假酒都是经营者由于非法利益的强劲驱动,在知情的状态下,突破道德底线,昧着良心做出来的。

面对假酒,老百姓咒骂,经济执法人员束手无策。因为制售假名酒虽然坑害了消费者,但它却能为当地政府开辟税源,增加财政收入。于是地方政府对制售假名酒活动睁只眼、闭只眼。这种不正常现象,被人们讽刺为“灯下黑”。

毫无疑问,制假售假在个别地区肆虐,如果没有一把撑开的“保护伞”,制假售假窝点是难有藏身之地的。文水县造假酒由来已久,甚至发展到一条龙的程度,从原料、商标、酒瓶、出售都有专门的队伍。在造假过程中,造假人员绝不可能做到悄无声息。相反,有些造假是相当公开的。罪犯王青华曾因造假酒被判刑一次,刑满后又重操旧业,而且越干越大,与其生活在一起的地方干部难道不知道这些?这不能不令人深思!

有学者曾经指出:政府失信是社会诚信缺失的源头。手执公权者,对社会公德秩序有着不可忽视的影响力和示范作用。“民俗”的改变,往往取决于“官俗”的更张。

人类的一切努力,原本都为追求幸福。而当努力等同于计算、争抢、掠夺,当努力不再是为了生存而是为了牟利和炫耀,当人祸烈于天灾,幸福早已不是真正的幸福了。

假酒屡禁不止,评优活动更是处处有诈。它所引起的角逐与竞争,欢乐与痛苦,是那样激动人心。于是,就留下了“评酒”的一则则幕后新闻。

没有阳光之处必然产生霉变。许多厂家为了使自己的酒获得名牌,不择手段使出浑身招数请客送礼、行贿,那张大面额纸币上神采奕奕的已故领袖随时随地衡量着酒的优胜劣汰!

1989 年全国第五届白酒评比会,耗资数十万,却评出一笔糊涂账。从而引爆了人们长年积压的疑虑和愤怒。事后,有 24 家酒厂联名写信举报这次评酒会营私舞弊。

那些古怪、斑斓的泡沫,一到阳光底下就会消失。1990 年一次全国 16 种白酒评比会，竟有50%是假酒！

“评优”本是商品质量的竞争，结果却成了阴谋家的较量。

坑蒙拐骗将断送经济生命。据塔斯社1992年10月14日电，俄罗斯海滨边区首府符拉迪沃斯托克市保护消费者利益工作处人员对该市中心食品商店进行了突击检查。结果发现所售的中国白酒都是假酒，其酒精含量不仅能使嗜酒者喝得烂醉，而且能把他们送入天堂。为此，他们禁止出售中国生产的所有酒类产品，并责成出售商销毁滨海边疆地区各销售点的“毒水”。

从20世纪80年代到90年代，我国酒类生产可谓突飞猛进。然而国家税收并没有随着酒类生产规模的扩大而相应增加。有关部门根据1989年全国白酒、啤酒产量计算，国家应征税款79亿元，而实际上只征得20亿元，还不到应收税款的三分之一。其余应征款全部流失了。

企业公关、政府招待大多是在“人情消费”的“遮羞布”下大行其道，其腐败之实昭然若揭。假酒泛滥成灾的原因很多，但“买名酒的不喝，喝名酒的不买”的怪现象无疑起了推波助澜的作用。毋庸讳言，当今许多事情不去“烟酒烟酒”是难以办成的，买的不喝当然难以识货，喝的不买自然不心疼。于是，整个流通过程中，人们看重的只是“名牌暴利，买者靠名酒打通关系”。呜呼！不闻酒香而闻铜臭，若杜康九泉有知，不知会做何感想？

屡禁不绝的假酒事件足以表明，诚信的缺失，道德的滑坡已经到了何等严重的地步。诚信是一张社会“通行证”，缺乏信用将寸步难行。

假酒、虚假广告……这些日常生活中为人们耳熟能详的词汇，足以引发对我国社会诚信的担忧。可有人说，市场经济其实就是竞争经济，而竞争是一个优胜劣汰的过程，“商场如战场”，没有什么道德可言。毫无疑问，这种把市场经济条件下的竞争，视为不讲道德的恶性竞争的观点，是造成各种假酒案悲剧的思想根源。

唯利是图，不讲道德，给社会制造了行贿受贿、垄断价格、售假制假、隐瞒信息、欺诈交易等系列丑闻。2012 年有媒体报道，洋河股份在四川宜宾高县等地收购散装白酒，用于勾兑生产洋河白酒。一时间，洋河股份被推上舆论的风口浪尖。不仅是高县、宜宾和泸州，其他地区的小酒厂也为洋河股份提供大量的散酒。在高县，洋河酒厂采购散酒总量超过 4 万吨。其中宜宾地区的酒主要被洋河用于生产高档产品，经过勾兑、酒瓶包装后，可以卖到数百元一瓶。

某些酒厂，为牟取暴利，还运用“黑嘴”机构炒作，编造“故事”，甚至与证券公司联合，借酒制造“骗局”吸金，让人们掉入“故事”陷阱。

2012 年 4 月 18 日，随着一纸“无显著疗效”的公告发布，上市公司重庆啤酒的“乙肝疫苗”的神话终告破灭——依靠精心编织“皇帝新衣”讲故事，13 年股价翻了 20 余倍；“故事”收尾之时，市值快速蒸发 200 多亿元，使投资者遭受惨重损失。从而，为人们留下一大串问号。

借酒炒作牟利，已是司空见惯的事。2012 年 5 月 22 日，新华社《每日电讯》报道：年消费 19 亿瓶葡萄酒的中国市场正在遭遇“尴尬”，伴随着曾经被热炒的天价酒跌价，有人鼓吹现在“抄底”正当时。当红酒不再是饮料而成了“炒作标的”时，红酒价格体系便出现了极其混乱的局面，同一种酒差价巨大，定价方极不透明。譬如，俗称“小拉菲”的拉菲副牌几乎是国内炒作最火热的酒种，业内人士介绍，清关拿货（含税费）在 4000 元左右，然而同样一瓶酒，销售差价竟达 3000 元，定价上几乎上演“一店一价”怪象，且出现大量仿冒、山寨酒。

除了制造假酒，还有假销售。新华社西安 2012 年 9 月 4 日电，记者储国强以《“假销售”制造繁荣泡沫，“真奖励”潜藏利益输送》为题报道：一年 15 多亿元的“营业收入”却造就出了“销售额”超过30亿元的神话，大量国企利润竟在这一“运作”过程中蒸发。陕西省产销量最大的白酒生产企业——陕西西凤酒集团股份有限公司，不久前曝出4.2亿元的巨额亏损。新华社记者采访发现，这家传统“四大名酒”之一的老企业，不仅通过内部层层转销、提前开具发票等方式在销售上弄虚作假，相关人员还通过各种途径拿到了各类补贴和奖励，变相损害企业，向个人输送利益。

与此同时，各类“酒交所”也在神州大地频频开张，已开业的数十家，待开业的还有一长串，全都摩拳擦掌，准备大干一场。有的号称要建成“中国乃至世界最大”酒类交易所，有的干脆以“千亿级”为发展目标，可谓“志向远大”，气吞山河。但“炒酒”意图显而易见，浮躁之风昭然若揭。种种诚信缺失现象，扰乱了我国的社会秩序，影响了人们的社会生活，造成了大量的资源浪费和内耗。

何以如此，流行的说法是体制。但这假酒、假销售，是三四十年前所没有的。尽管那时是短缺经济，但物质再短缺，公德还没有短缺到这个份上。难道现在的体制还不如过去好？这是文明的悲剧，贫穷未能扼杀“诚信”，物质的膨胀却把“良知”断送。

行骗者的成功毕竟是堕落的成功。

被骗者的悲哀毕竟是信仰的悲哀！

社会改革的最终成果是人格的变化。假酒、假销售案件提醒我们：根治假酒、假销售应敬仰道德力量，用法制限制膨胀的权力。一个社会的权力平衡了，财富也就平衡了，人的心态自然就平衡了，这样才会诱发人性中的善因。当人们的心态都是善的主旋律时，坑蒙拐骗旁门左道的事情也就少了，人们也就有了安全感。而道德缺失所带来的必将是灾难。猴子的贪婪使自己逃不掉悲惨的命运，人类的贪婪，难道会比猴子的下场更好吗？良知的力量，才是国家的希望！

第十章

因果链条

地球把一个神奇的、可以诗意地居住和生活的环境给了我们，可在人们的掠夺和享受的贪婪下，人类记忆深处最美好的生活景象正在飘逝。席卷全球的酒潮，给人类生态文明带来了灾难性恶果，让生命之初的纯洁受到了玷污。自然之神开始把我们过多占有的东西拿回去，制成寓言符号，让世界反复出现一个个噩梦。

河流是世界上最早的道路，也是酒最早的形态。五行中，水与火这两样本不相容的元素，却在酒中获得了和谐。这一现象颇为有趣。

人类学家认为，江河是人类的襁褓。正是纯粹地理意义上的河流，与人们精神上的酒融合在一起，造就了人们饱绽肌肉的躯体和充满血性的心魂。

人类最早、最朴素的情感来自江河，而人类对生命的最初体悟却来自于酒。是江河与酒将零散的人心连贯起来。当太阳把初吻留在江面，当酒杯在碰撞声中频频举起，世界已连贯成一个整体。

历史永远与江河相遇，与酒杯相逢。人类很早就在河边定居，在河岸筑起了码头、船坞、店铺和酒馆，然后过起了自己的日子。浑浊也好，清冽也好，那日子千年万年不曾改变。酒滋养了人们的内心，就像万古如斯的江河。

从古到今，有名的酒厂可以离山，却不能离水。今天，当我们的酒厂西迁时，已跑到了黄河、长江的上游。是的，一种好酒问世，应该有一个粗犷而强悍的生命原型，有一个贯穿数千年的历险情节。这从文明的深层意义上来说，彼此本是无形的联盟。没有好山好水哪有好酒？

然而，酒开始了对酒文化的背离和生态背叛。你看，那曾经孕育了中华文明的母亲河——黄河，如今污染严重，流量大幅减少，甚至屡屡断流。心目中那波涛汹涌、浊浪排空的景观已荡然无存，眼前的黄河泛着白沫，散发着令人窒息的怪味。渭河的污水顺流而下，黄河便又成了黑水，游鱼中毒死去，河面上漂着鱼的尸体。这些死鱼毒性极大，觅食的鱼鹰吃了也会中毒而死。更可怕的是，污染后的水连庄稼都不能浇，半人高的玉米被污水一浇，不出 3 天就会烧死。加上严重的旱情，“黄河大鲤鱼”已变为过去的传说。

北方的旱情成了人们关注的热点。可谁能想到——南方，这个曾攥在手里都可以拧出水来的南方，在 2011 年端午节前夕，居然让田地干裂，让从春天出发的庄稼一再失水。

这是 2011 年早春季节的长江。没有烟波浩渺，没有洪流滚滚，只是一条浑浊可怜的小河。倘若1949年就是这样，那么摧毁蒋家王朝的百万雄师，就不必千船竞发，而可踏水而过了。

武汉三镇的人们发出惊呼：昔日“孤帆远影碧空尽，唯见长江天际流”的浩瀚长江呢？水去了哪里，把帆影也拎走了，且一走就不再回来！

那么，长江的水呢？

让5亿多酒徒喝干了，因为，长江上游有一个盛产美酒的天国。

当我们面对长江，从历史里重新把这条大江翻出来的时候，不由想起了诗人梁上泉留下的诗句：

黄河——父亲

长江——母亲

母亲——慈祥

父亲——严峻

我们姑且不去论及黄河父亲是如何的严峻了，令人担忧的是慈祥的母亲也已一反常态，日益变得严峻甚至严酷起来。那浊浪冲天的江水声不需要诠释，如同情人的喘息不需要翻译。

严峻的长江一下子淹没了大半个四川。

母亲不再是慈祥而是严酷了，时而干旱得江底朝天，时而滔滔巨浪排山倒海，使两岸变成一片水乡泽国！

长江为什么会变成这样？

生态学家、水利专家都告诉我们：这都是因为长江两岸及上游地区砍伐森林，开荒造田所致。

为什么要砍掉护卫长江的森林？

因为生活需要木材。

为什么要开荒造田？

因为生存需要粮食。

中国只有占世界耕地面积1/13的可耕地，中国却拥有占世界1/5的人口。在人口5000万以上的国家中，我国人均耕地占有量仅仅排在孟加拉和日本之前。原有的耕地一年两季、一年三季地年复一年地播种庄稼，过度地毫无休养生息地使用土地，土地早已不堪重负了。就这样，养活中国人的粮食还是不够，于是一年接一年地毁林开荒。四十多年来，我国开荒造田3.77亿亩，而这些耕地的获得，几乎全都是以砍伐森林为代价。连曾经养育了一个矫健民族的内蒙古草原也不知到哪儿去了，再也看不见“风吹草低见牛羊”的景象。

蝗虫加上旱灾，使占地20万平方公里曾经是我国乃至世界天然植被保存最好的草原之一的锡林郭勒部分草原变成荒漠，牲畜瘦弱不堪大批死亡。那一个个隆起的土堆，极像一座座长满荒草的坟冢，成为曾经是草原的一个悲伤的祭奠。

这个代价也许是值得的，也许毫不可取。因为母亲一样慈祥的长江，因失去植被的保护已变得暴戾起来，母亲不仅仅是哺育奉献，母亲也需要温情和保护！

是的，我们必须保护每一条原生态的河，因为有河流，才会有我们的城市、我们的家园。但今天为了城市，为了发展，我们埋葬了太多生态的河。

先秦时代的韩非子似乎早就预见到了今日的现实。他说：“人有五子不为多，子又有五子，大父未死而有二十五孙，是以人民众而货财寡，事力劳而供养薄。”

“人民众”而“供养薄”。首先就表现在粮食的供给上，粮食问题将是长期悬在世界人民头上的一柄达摩克利斯之剑，不知道什么时候会落下来！

这是2008年5月3日上午。

印度尼西亚巴厘岛，东南亚国家联盟10国贸易部长在这里召开会议，讨论东盟合作应对粮食危机。

粮食是人类生存和发展的基础，粮食安全不仅关系到一个国家的安定，而且关系到世界的和平与稳定。世界粮食安全,已成了一个不容忽视的问题。

进入2008年以后,世界粮食安全亮起了“红灯”。国际粮价持续在高位运行,其中大米和小麦价格均居高不下,据世界银行的相关报告显示:截至2008年2月,过去3年国际市场小麦价格上涨了181%,食品价格整体上涨了83%。至2012年,全球粮价再度飙升。作为全球大米价格基准的泰国大米报价,7月27日从每吨580美元涨到每吨760美元,涨幅超过了30%。新华社北京8月20日电,由于受旱灾影响,全球主要粮食出口国美国、巴西、俄罗斯等国的大豆、玉米、小麦等减产,由此造成国际粮价“高烧”。5月以来,芝加哥期货交易所玉米价格上涨约50%,大豆价格上涨近30%……联合国粮农组织发布一项涵盖55种食品的价格指数在7月份上涨了6.2%,达到了20年来的最高点。

粮价上涨必将给世界带来“可怕后果”。尤其对那些既不是产粮国又面临粮食短缺的穷国来说,粮价大幅度上升可能引发严重的社会危机。按照世行的统计,30多个发展中国家正面临社会动荡加剧的风险。2013年1月9日新华社专电,联合国8日发布数据称,大约100万叙利亚人正面临食品紧缺的困境。佐利克促力发达国家提供5亿美元的粮食紧急援助,以解这些国家燃眉之急。国际货币基金组织总裁卡恩则警告,如果粮食问题得不到妥善解决,社会动荡将冲击到整个世界经济的正常运转。

为应对饥饿危机,2009年11月16日,为期三天的世界粮食安全首脑会议在意大利罗马联合国粮农组织总部举行,会议围绕饥饿与贫困、增加农业投入、改革全球粮食安全治理等议题进行深入讨论。

在全球粮食和营养安全形势严峻的背景下,召开这次粮食安全首脑会议,备受全世界关注。根据粮农组织报告,至2009年遭受长期饥饿困扰的人口总数已超过10亿,占全世界人口的15%,全球平均每年因饥饿死亡人数达1000万,每6秒就有1名儿童因饥饿而死亡!到2050年,为养活预计将达91亿的世界人口,全球粮食总产量需要提高70%。

会议首日通过的《世界粮食安全首脑会议宣言》是这次会议的重头戏。在宣言中，各国一致同意应采取一切必要行动，立即遏制受饥饿和营养不良等粮食不安全因素影响的人口增长势头，力争实现“千年发展目标”和1996年“世界粮食首脑会议”的目标，即到2015年分别将饥饿和营养不良人口的比例和数量减少一半。

中国是个发展中国家，粮食储备率虽高于联合国粮农组织的粮食安全线标准，但从历史的数据来看，在1985年至2010年的26年间，粮食增产率有9年为负数。据海关统计，2011年我国进口粮食包括小麦、玉米、大米三大作物品种合计1077.5万吨，同比增长294.5%；2012年我国进口大米2316万吨，同比增长3.1倍，为2000年以来最高值。中国属世界农产品进口大国。按《国家粮食安全中长期规划纲要（2008—2020年）》预测，到2020年我国粮食需求总量为527亿吨，每年至少要增加粮食40亿公斤以上。因此，我国粮食供需只能说处于紧平衡脆弱状态。

毫无疑问，保障粮食安全仍面对许多挑战：我国城镇化、工业化进程加快，人口呈刚性增长，人口增长与耕地减少、水资源短缺的矛盾长期存在，而出售土地，成了中国发展的主要资金来源。1979年，我国耕地面积为13476万公顷，到2008年末减少到12171.59万公顷，年均减少40多万公顷耕地。长江流域人均耕地还不到0.84亩，而每年人为造成的水土流失面积约1200平方公里。2012年6月14日《江西日报》报道：江西省贵溪市鸿塘镇罗家村486户、1860人，没有一分耕地。

美国前国务卿基辛格在20世纪70年代展望美国地缘政治的长期目标时就宣称：“谁控制了粮食，谁就控制了所有的人。”是啊，人总是要吃饭的。人类赖以生存的粮食依赖土地来生长，没有土地，粮食长在什么地方？虽然袁隆平等通过科研手段提高了粮食单位面积产量，但再好的品种也得有地种才成。

2008年,中国的农业尤其是粮食问题已成为国内外极为关注的热点。党中央、国务院在这一年安排“三农”投入创历史新高的基础上,决定中央财政再增加252.5亿元投入,直接补贴给农民,以支持农业和粮食生产。2009年,中央财政支农资金达到7161.4亿元,比上年增长20.29%,此后中央财政支农投入每年都有较大幅度增加。

2011年8月26日至28日,时任中共中央政治局常委、国务院总理温家宝来到河北省张家口市万全县、张北县、康保县、沽源县等地考察,在张北县主持召开了农业、农村工作座谈会。在座谈会上,温家宝总理指出:必须毫不松懈地抓好农业生产。2013年1月15日,时任中共中央政治局常委、国务院副总理李克强在国家粮食局科学研究院考察调研时强调,要守住管好“天下粮仓”,做好“广积粮、积好粮、好积粮”三篇文章。

两位总理的话是一种提醒。当我们回过头来看我国人口增长和粮食生产时,才让人感到形势的严峻:

自1986年以来,中国人口以每年1600多万的规模增长;粮食的消费则每年增加100亿—150亿公斤。耕地面积在减少,粮食的消费在增长,又在锻造着一个铁的剪刀差。我们本不想吃咸菜泡饭的,我们谁不想一早起来就面对牛奶和面包。但是,这个愿望能否实现要取决于粮食产量。然而,一个连吃饭都得小心翼翼的国家,却把大量的粮食频频运进了酒厂。

中国是个人口大国,尽管农业人口占80%以上,但吃饭或温饱问题一直是国家和人民面临的一个难题。而在每年还须进口大量粮食养活13亿芸芸众生的情况下,我们每年却要耗费1500万吨粮食酿酒。这些粮食超过了1997年年进口粮食的总量;相当于北京1100万人口3年多的口粮,从1980年到1997年,全国每年粮食的增长还远远不够一年酿酒的消耗量。为此,有人认为这是当今中国酒患的第一大黑洞。

虚妄的土地上只能结出虚妄的果子。在这块古老的960万平方公里的土地上，现已有轻工、商业、民政、化工等10多个部门兴建的各类酒厂5万多家，加上各地兴建的乡镇小酒厂和个人办的酿酒作坊，形成了各自为政的格局。按照《中国酿酒产业“十二五”发展规划》，到2015年，全国白酒总产量将达到960万千升，但仅2011年一年，白酒产量就已“达标”，还超过60多万千升。

在我国西部的甘肃省流传着这么一句顺口溜：“要想当好县长，首先大办酒厂。”由于酒的利税高，对地方财政收入起着举足轻重的作用，因此造成了甘肃省一些地方“大小酒厂遍地开花”的局面，且数量越来越多，规模越办越大，动不动就要扩建10万吨的产能。

据有关人士调查，1991年以前，甘肃仅有20来家白酒厂，而眼下生产白酒的厂家已达200多家。特别是甘肃省的粮食“命根子基地”——河西走廊，前几年只有地区政府所在地才有酒厂，可目前基本上是“县县有酒厂”。故有人戏称河西走廊已变成了“河西酒廊”。

更让人担忧的是，甘肃这些地方白酒厂除目前少数几家产品有一定市场外，绝大多数厂家属规模小、设备差、技术工艺落后的“小作坊”式工厂。在这些小酒厂里，有的粮食消耗竟高达20%～40%。出酒率低，酒质差。一些酒厂因原材料短缺，干脆购买食用酒精勾兑白酒再冒充粮食酿造酒，欺骗消费者。

“外行造酒”动力何来？2012年发布的三季报表显示，国内白酒上市企业的利润普遍出现50%以上的增幅。在制造业不景气，不少企业利润下滑的背景下，这份骄人业绩引得大批资本“闻香而来”，“外行”一拥而上。

河南省酒业协会专家张成贵指出“白酒业”虚火泛滥，还体现在全国各地酒企的产能扩建热、兼并热上，“用地动辄百十亩、甚至上千亩的酒企扩建工程随处可见。”

伴随着产能过剩，白酒市场上近几年价格恶炒、疯狂囤积，电视台的白酒广告爆了棚，黄金时段的白酒广告就像当年小鬼子的飞机一样轮番轰炸着人们的视觉神经，行业开始出现“持续高烧”。

白酒行业的强势头在2012年央视广告招标会上也得到验证，众多酒企“一掷千金”，暴砸5亿多元冲击新标王，不少资金雄厚的大型酒企可谓是“烧钱买面子”。

业内人士分析，酒友们喝进去的名酒中，有三分之一是广告费。由于行业形势浮华，加之大批资本进入后有业绩压力，部分白酒企业也变得浮躁起来，突出表现在层出不穷的概念炒作上。有些企业建立时间并不长，却推出了比自己年龄还长的“年份酒”，玩起了那些欺骗市场和消费者的“穿越年份”游戏。

有记者调查发现，很多酒厂“酒窖未出世，年份已久远”——江苏省宿迁市洋河镇御缘酿酒厂成立11年，已出20年陈酿；四川泸州老酒酒业有限公司成立16年，已推出泸州39年珍品；贵州省仁怀市茅台镇茅山酒业有限公司成立30年，已推出茅台镇百年纯粮酒……

虚假的卖弄，浮华的炫耀，对白酒身价的狂热崇拜，形成一种浅薄的时尚趣味。你看，一瓶50年茅台售价33800元，一瓶50年五粮液售价25888元，一瓶30年剑南春售价6500元……只要沾上一点“古老”气息，白酒售价立马上涨。

酿酒是一门传统工艺，因其本身附着文化的传统，所以“古老的年份”常常会被商家开发为营销的噱头。白酒本没有“年份酒”概念，只因黄酒、葡萄酒等标以“年份”的酒，酒龄越高价格越高，利润也越大，从20世纪90年代开始，一些商家将“年份酒”概念移植到白酒业。那些号称50年的陈年白酒，里面真正50年的基酒放了一勺还是一滴，或者根本就没有加，谁也说不清楚。

刚刚经历了塑化剂风波，如今又陷入“年份酒”的漩涡。一个古典式的诗意酒业，正在走向“虚火”年代。

更为令人震惊的是，酒消费者大都被暗处的魔鬼绑架。由于粮食的紧缺和水资源的污染，一些著名酒企业被质疑用食用酒精勾兑冒充纯粮酿造，牵出了国内酒业另一争议——“原产地”之谜。

“穿越年份”风波未散，“勾兑门”疑云再袭。新华社上海2013年7月20日电：目前，酒企业基酒产能与成品酒销量严重不匹配。记者从中发现，枝江酒业从外地购买部分基酒，甚至使用食用酒精勾兑。“地理标志产品”保护的“原产地”不断越界，产地其实并不“地道”。

2005年7月，我国正式实施地理标志产品保护规定，对酒类“地理标志产品”的水、酿造过程、生产工艺等做出了强制性严格规定，细致到“酿造勾调用水需取某一个泉”，酿造环境必须“雨量充沛，气候温和”等。

被质疑的枝江酒，作为地理标志产品，保护范围为枝江市现辖行政区域，原料须为高粱、小麦、水、谷物，酿造用水须采用保护范围内的水，小麦必须是地产小麦，酿造窖池必须采用保护区内黄泥垒制而成。

然而，随着销量猛增，不少酒企遇到基酒产能不足问题，因此选择在外地购买基酒，并用食用酒精勾兑，“半成品”生产的白酒模糊着“地理标志”。

世界的荒谬往往如瘟疫一般，有其不受控制的一面。记者查询公开资料和企业年报发现，有些拥有“地理标志产品”标签的白酒企业，每年采购食用精超过几万吨，有些半年采购额就高达5千万元。例如，2012年，古井贡酒在其半年报中披露，花费4000余万元采购食用酒精，从而跌入舆论漩涡。古井贡酒方面承认，低端酒使用食用酒精勾兑，是业内普通做法。让我们透过这些“做法”看到了腐烂的核心。

“傍原产地”的又何止是白酒？知名红酒进口商卡斯特公司总经理潘汝显说，红酒也是重灾区。

由于管理水平低下，国内很多红酒企业，虽然也标榜原产地，然而原料实际上来自天南地北，有的还大量进口原料，勾兑后以产地酒出品，成了行业“潜规则”。

一切看似美妙的东西都有欺骗性。一些受到保护的企业发现，办酒厂根本不需要提高品质，只要“躺着”发售“许可产品”，就能轻松挣钱，多少人梦想使荒唐的世界变成天堂。

酒精和名气都是营造梦魇的元素。为了促销，中国白酒市场还掀起了一股“卖古现象”，靠卖老祖宗的名声吃饭。杜康、孔夫子、曹雪芹全部被动员起来卖酒。尽管如此，全国目前白酒市场还是严重过剩，这几万家白酒厂中有七八成亏损，年产800万吨，而真正需求量只有200万吨，大量的粮食被白白耗掉。一个多么美丽的泡沫！

有关部门曾做过匡算，现在，我国酒类生产能力已远远超过社会需求量，虚耗建设资金上百个亿。有关领导人提醒说，过量发展白酒业，将导致“与民争粮”的结果，这尤其是在旱灾、水涝和虫害在许多省份肆虐的年月。

2012年，A股的前两大高价股，均为白酒企业。贵州茅台股票自2001年在上海上市以来，面对数年熊市，股价仍上涨近5倍，成为沪深两市“第一高价股”。五粮液和洋河股份的总市值也均超过了千亿元，压倒了长江电力、宝钢股份这样的大盘蓝筹。美国占据市值榜前列的都是高科技企业，而在中国却是白酒拥有这样的地位，确实令人称奇。难道喝酒能够强国吗？

古往今来堪称富庶之地的河西走廊，可说是甘肃的“粮仓”。尽管20世纪末全省年平均产粮704万吨，但酿酒消耗及其他所需粮食就达886万吨。天水市、陇南地区、定西地区、临夏回族自治州、甘南藏族自治州和白银市，粮食产量递增速度远远赶不上白酒厂家及产量的增长。即使现在，上述6个地州市的缺粮现象仍然存在，粮食不能自给。特别是“干旱贫困甲天下”的定西地区，仍有不少农民眼下还是时常吃不饱肚子。就在河西走廊的属地，所产的粮食也只能供应地区酿酒所需的30%，其余当地不能满足的原料，只有从外地购进。

面对这样一个严峻的缺粮形势，许多地方“吃不饱肚子也要办酒厂”。甘南藏族自治州是个半农半牧地区，前些年只有1家青稞酒厂，而近几年却冒出了好几家生产白酒的厂子。事实上，甘南藏族自治州仍有3个国家级贫困县，几个省级贫困县，还有不少群众仍没能解决温饱问题。

酒业的迅猛发展，叩击着一直与蒙昧和野蛮裹在一起、又搏斗在一起的文明。欲望开始在大规模地向人类进攻，酒厂、酒楼正在逼退庄稼。

近年来的城市建设似乎不再是仅仅建造宽大马路和水泥森林，越来越多地倾向于建设景色怡人的“大酒楼”和“会所”，以制造美丽的生态幻觉。2013年5月27日《光明日报》披露，在许多城市，有人越来越喜欢在公园内开高档酒楼、建私密会所，在原本市民开心游玩的地方，却冒出了许多“私人会所”“闲人止步”之类的招牌，甚至在酒楼旁建人工湖，把人迹凌驾于自然之上。看起来很美，但生态后果往往是使许多地区的水体结构遭到破坏，大环境的水资源变得更加匮乏。他们并不懂得，只有当人们收敛自我之时，才能享受最完美的自然。而酒文化的最高魅力，也就是自然。

他们花费大量资金，最终对自然造成无法弥补的创伤。为了谋取窗口的山野景象，他们在现实生活的维度上，拆装和建造了另外一个世界。那些外来的建筑样式和建筑材料，与山野的朴素本质是格格不入的。其结果，不仅骚扰了自然，而且还点点块块地蚕食了山野自然的整体美学生态。

生态文明建设的直接目标是节约能源，保护环境，可如今一些人屁股冒着烟进公园会所，下车就一瓶路易十三，酒醉饭饱之后，还要吼一曲莫名其妙的歌。他们在这里尽情享受挥霍，用歌舞升平删去了背后隐藏的种种问号。

梭罗有句名言：“文明改善了我们的房屋，却没有改善房屋里的人。”你看，那酒楼内的灯红酒绿，处处透露出人们隐藏在豪华里的贪婪。

这里所铺排的盛宴，都是慷国家之慨，大大超过了人们正常需要。当一批批美食家油嘴一抹，扬长而去之后，这些来自土地、用汗水凝成的盘中餐，全被一双双纤纤细手端起来倒掉了，倒进了“泔水桶”里去了。

2013 年 1 月 18 日，新华社记者来到青岛市，对酒楼餐厅进行了暗访，在全国上下倡导厉行节约之际，酒楼铺张场面仍格外“刺眼”。在崂山区的远洋大酒店，记者看到那些几乎没有动过的螃蟹、整只鸡、整条鲈鱼、海螺肉，还有一盘盘炒饭等，都被服务员扫到回收桶里。

在另一家叫海景花园的大酒店，一楼宴会厅一家企业在这里举行年终联谊会，共 25 桌，坐在贵宾席上的银行、政府部门的官员，鲜花簇拥，被一堆接待的人热情地围着。宴会结束后，记者发现，清蒸青斑、脆皮芝麻鸡、三丝鱼肚等菜肴都剩了大半。在主宾区用来招待银行和机关领导的大圆桌上，海参、鲍鱼原封未动摆在那里。

记者问服务员：“这些没吃的菜怎么处理？”服务员一边收拾一边说：“倒掉呗！”记者问她不心疼吗？她说：“怎么能不心疼，这条鱼几乎顶我一周的工资了。”

在北京饭店 C 座宴会厅，一家律师事务所正在这里举办周年庆典，大厅里摆了 50 桌。据餐厅服务员介绍，不包括酒水，每桌在五六千元以上。宴会结束后，记者看到大部分菜只吃了一半左右，不少价格不菲的菜肴，如“油浸鲜桂鱼”“北京烤鸭”连同整盘的扬州炒饭等被直接倒进回收桶。

2013 年 1 月，记者在多个城市了解到，餐饮业每天“剩宴”惊人。21 日，记者来到济南英雄路的一家高档酒楼沁芳园包间，此刻顾客刚走，服务员正在收拾餐桌。餐桌上三文鱼刺参、御膳房烤鸭、鲍鱼基本上是原样未动，还有鸭肉、鸡蛋、炖汤等剩菜，小票上显示上述三种菜品价格分别是 158 元、198 元和 212.4 元。

在酒楼地下层洗碗间，剩菜被倒在一个泔水桶里，一米多深，直径 60 厘米的泔水桶已经满了，有整条的鱼、虾，还有肉块、蔬菜。洗碗师傅介绍，周一中午生意并不算多，要是晚上或者周末，要装好多个桶。有人粗略地算了一笔账，以平均每天倒掉 12 桶计，仅这一餐厅一年差不多要倒掉 219 吨剩饭剩菜。如果每人每天吃 3 斤饭菜，这些剩饭剩菜可供一个人吃 200 年！

最令人惊心的是学校食堂对粮食的浪费。记者曾在山东大学、青岛大学等一些高校采访,发现学生食堂的食物浪费比起餐馆、酒店有过之而无不及,其中有一所大学第二食堂每天要倒掉几百斤剩菜剩饭。一所3000人的大学食堂一周被倒掉的饭,最少相当于一亩地的产量!

比浪费更可怕的是漠然。很多人已经对中国式“剩宴”司空见惯,不论是高校食堂还是各类餐馆、酒楼,每天产生的餐厨垃圾中不乏良好食物,“穿肠而过”的餐饮浪费触目惊心,生活里充满了奢侈、浮华的风气,而人们却对此表现出一种集体无意识,更谈不上具有清醒的理性认识。这将会给我们现代社会带来怎样的精神厌倦?这样的民族和国家还有没有发展的前途?

都市酒楼、私人豪华会所极尽奢华等新闻,时常冲击我们的视听。据中国农业大学专家课题组通过对全国大、中、小三类城市不同规模的餐桌中剩余饭菜的蛋白质、脂肪等营养物进行分析发现,我国每年仅餐饮就浪费食物蛋白质800万吨,相当于两亿多人一年所需,浪费脂肪300万吨,能满足1.3亿人所需。每年,我国餐饮业要倒掉两亿多人一年的口粮。

这是十足的暴殄天物!制造中国式“剩宴”的不仅仅是“面子”,公款大吃大喝可说是“剩宴”问题产生的重要推手。

看一看今天这些酒宴的豪华、挥霍,就知道我们一些党政官员已经脱离老百姓有多远!

“舌尖上的浪费”刺痛人心。水稻之父袁隆平先生感触更深。他说,我国人多地少,水稻产量每亩提高10斤、5斤都很困难,可是很多粮食就这么白白浪费了。

由美国学者丹尼斯·米都斯领衔的研究团队于1972年完成的研究报告《增长的极限》,向增长无“度”的世界发出忠告:如果世界人口、工业化、污染、粮食生产和资源消耗以现在趋势继续下去，这个行上增长的极限有朝一日将在今后100年中到来。

奢侈、浪费，是对财富的疯狂挥霍和对自然资源的掠夺性占有。它绝不仅仅是一种消费行为，而已深深触及人类的伦理、道德、人性等问题。奢侈浪费行为，同是道德行为。史载：曾国藩的一个侄子来京城找事做。在吃饭时，曾国藩发现侄子没把一粒谷壳里的米饭剥出来吃掉，就打发他回老家去了。因为他知道，不懂得珍惜一粒粮食的人是没有出息的。

勤俭节约是全人类共同认可的美德，历史悠久且充满智慧的中华民族对此进行过尤为详尽的阐述。毫无疑问，一个家庭的富裕，离不开勤俭持家，一个国家的强大，更需要全民养成节约习惯，以形成一种珍惜一切事物的“爱物”文化。可我们今人的“挥霍”呢？它把生活弄得越来越复杂，由于过度追求浮华奢侈，丢掉了很多很多质朴本质的东西。

如今，恐怕没有多少人知道10月31日是联合国确定的“世界勤俭日”。在物质生活日渐富裕的今天，“勤俭”这个曾经被普遍推崇的美德，早已被一些人遗忘得一干二净。

奢侈意味着堕落，它与文明背道而驰！司马光在《训俭示康》的家书中说，节俭使人寡欲，做官的寡欲就不会为外物所役使支配；普通百姓寡欲则可持身谨慎，节用有度，而使家境丰裕。所以节俭是人人都要遵循和信守的共同德性。反之，奢侈则多欲。士大夫欲望多就会贪图荣华富贵，不走正道，必然早遭祸患；普通百姓欲望多，就会过多追求财富，滥用财富，以至丧身败家。因此，奢侈是最大的恶行。疯狂的吃喝，不仅在消耗社会财富，还给环境带来了灾难。

新华社1998年11月17日电讯，三亚一些大酒店已成主要污染源。如南中国大酒店，每天污水排放量可达500多吨。酒店污水中有大肠杆菌、悬浮物、营养盐等污染物排入海中，从而降低海水水质。据媒体调查称，三亚湾部分海水水质已从一类下降到二类。由水衍生的危机和灾害正在不远处向人类步步逼近。

另据2006年4月19日《新法制报》报道:南昌市象湖的湖边酒店,肆意向湖内丢弃动物内脏,排洗油污,更有甚者——象湖红牛大酒店竟然在湖里清洗拖把,油污铺满湖面一角。在铺满油污的水面上,发现不少死鱼和河蚌的内脏。

江西进贤县的军山湖,水面有32万亩,原先水质纯净,经省农业厅认定为"无公害水产的养殖基地"。可进入新世纪后,湖中和沿湖开了30多家酒店。从10月到12月食蟹季节,每天前来就餐的客人平均有3000人左右。这些酒店日排放污水约50吨,固体废物无序抛洒,还有酒店的剩菜剩饭,大量的生活垃圾,都直接倒入湖内,纯净的水质早已荡然无存,变成了一湖黑水。据2012年5月7日人民网报道:中国内地自来水合格率仅为50%。

酒楼环境的净化,成了城市生态文明建设的一大难题。生活污染是环境污染的主要污染源之一。有人出大沓钞票,请环保局长下河游泳。不可否定,寻找能游泳的河流已经成了今天人们的奢望。

在印度,恒河被污染得哪还有丁点儿诗意的美和古典的浪漫?河水浑黑秽物触目,岸边堆积着各种报废破损的宗教祭品及日常杂碎,蚊蝇成群,掩鼻不及。印度教徒根据教义,甚至还把死人骸骨和骨灰抛至河内以祈升天,却于无知无意中污染了他们的母亲河——触犯了真正全能的神——地球生态环境。

中广网2012年5月3日发布一条信息:印度官方称,印度地下水污染将引发全国性健康危机。

俯瞰今日全球还有多少清且涟的河流?还剩几多"绿无涯"的山脉?哪儿再去寻找中国古代山水诗画和"江枫渔火""寒林远寺"的意境?哪里还再有激发莫扎特、舒伯特灵感的森林草原、花香鸟鸣?

江之污,即心性之污。

河之腐,即时代之腐。

流之枯，即精神之枯。

一个好的时代，必是旭日般的精神——加上大自然的“原配”。

是的，水滞则为液。“液体”和“河流”——多么截然不同的存在。现代社会，鲜见的是清流，残剩的是液体。

流水载物，古人早就谙此理，然其所为，只是泛舟履波。现代人不同了，他们想让所有的垃圾和排泄物都搭乘这趟免费的“公交车”。

水，终于盛不下，载不动了，气喘吁吁，岌岌可危。

江河世纪，正走向液体年代。

这是可怖的事，比地震海啸更骇人！

如今，人类生活那份温馨朴素的田园之美已成永恒的回忆，人类心灵那份对自然的诗意审美已被贪欲和享乐主义所窃取。

我们一面耗费着世界上有限的资源，对地球对自然尽情勒索，吃干榨尽；一面又把垃圾废物扔向大地河流海洋。可以说，人的心态污染才是最大的污染源！没有人心的污染，岂会有生态的污染？拯救人心，改造人性，才是当代人类走出生存困境的最根本出路。

黑色警告：新旧问题交织，发达国家上百年工业化进程中分阶段出现的环境问题，在中国短时间集中呈现。

美国生物学家卡逊在《寂静的春天》中指出，生态环境问题如不解决，人类将生活在“幸福的坟墓”之中。

“中国梦”，是美丽中国的梦。群众日益增长的酒文化需求中不能缺少生态文化意识。酒文化应融入生态文化之中，为无处安放的心灵重建家园。

所幸人类终于觉醒。1992 年 6 月 3 日，以“环球和发展一体化，为确保人类子孙后代的未来”为宗旨的地球首脑会议在巴西里约热内卢开幕。开幕式开始，来自 178 个国家的元首和政府首脑全体起立，为地球母亲的劫难静默 2 分钟！尽管会议由于各国的利己立场，没有完全达到预期目的，但它毕竟是人类的第一次觉醒，第一次联盟行动。

人类以破坏自然为代价获得的每一份收益，都将被自然以百倍、千倍的“利息”收回。2004年岁末，印度洋发生了由地震引发的空前大海啸，印度洋周边国家遇难者数以十多万计。海啸摧毁了我们的家园，但也给人类一次重新审视自己的机会。在大自然的生态中，人类其实只是很小的一环，我们将自己分属于不同的国家，并且相互争斗，可是在大自然的愤怒之下，我们终于有机会搁置争议，共同思考今后的生活。

历史舞台上演出的，绝不只是悲剧。日益严重的世界公害，必然转化为世界公利，成为人类最好的教师。但愿人们能从文明沉沦中觉醒过来，实行紧急自救，从猴子的灾难中走出来，营造一个共享文明福祉的新世界。

“让我们就像敬畏生命一样敬畏一滴水吧，因为对人类而言，或者说对所有的生命而言，一滴水的命运或许就预言了这个世界的未来！”

第十一章

遏制狂潮

当今世界许多国家在酒的狂潮涌入那道危险的闸门之前开始觉醒，以禁酒为精神指引，深入地思索人类如何在大地上诗意地栖居的难题。2012 年 12 月 4 日，中国新一届领导颁发了以“禁酒令”为主要内容的《八项规定》，以一种冷峻的理智提炼文化良知，于“酒桌”上刮起了政坛新风，遏制泛滥于中华大地上的酒汛，使之变成一种清醒的社会行为，让世界从这里开始聆听东方古国的空谷绝响，让我们的民族走出“猴子悲剧”，在通往“中国梦”的幸福道路上变得更为坚实！

歌声。

西双版纳。傣族人民在欢度泼水节。

风光秀丽的西双版纳。傣族人民欢庆自己的泼水节。水使人群情激动，水使人纵情狂欢。

狂欢的人群。

飞溅的水花，叠印出海洋波涛。

海滩一群年轻人正在嬉戏，追逐。

这金色的海滩，这湛蓝的海洋。又是簇簇盛开的浪花，浪花如雪。欢腾、嬉戏、追逐、欢悦……没有水，似乎表达不出如此的兴奋。

水，简直就是人类狂欢的兴奋剂！

酒，多像西双版纳和渤海之滨的水。

水，有时候可以充作人们狂欢的兴奋剂。而医学告诉我们：酒才是一种更为有效的兴奋剂！

倒入杯中的酒翻着泡沫、浪花。

酒的浪花幻化成水的波涛。

水的波涛，水的狂潮！

堤岸崩溃了，大坝倾颓了，浊浪滔滔，铺天盖地，如风卷残云！

汹涌的洪水冲决大坝，淹没良田，冲毁房屋。

在水中挣扎，哭号的灾民。

奋力抗洪抢险的解放军战士。

党和国家领导人在抗洪抢险第一线。

人们的欢笑哪里去了？有的是惊涛骇浪和百万雄师镇守大堤的呼喊！

历史走进1998年夏季。记忆犹新的海河、黄河、延河的洪水之灾，在长江、松花江流域又悲剧重演。谁还认得这里是西施的故园、吴越称霸的锦绣江南？祸水横流，势不可挡，生命财产正遭受着无情的摧毁和剿杀！

据不完全统计，截至1998年8月22日，中国这场罕见的夏季洪灾，致使全国2.3亿人口受灾，566万间房屋倒塌，死亡人口3656人，仅长江流域就有1320人葬身于洪峰浊浪中；全国受灾面积达2578万公顷，2135万公顷农作物被淹，1304万公顷农作物完全被毁。洪水肆虐两个多月，东北、南方油田的几千口油井被迫关井；湖北、湖南、江西、安徽的20多万家乡镇企业停产或半停产。洪灾造成的直接经济损失达2484亿元！

全世界为之震惊。人类又一次目睹了水患的残忍狠毒、狂潮的可惊可怖！浩浩长江是中国第一大江，流域面积内人口占全国的1/3，工农业产值占全国的2/3，每年的洪水险情都牵动着中央领导的心，牵动着全国人民的心。

“加固堤防，治理江河，遏制狂潮！”这是又一次发出的呐喊。

舌头都能将其舔个粉碎的液态物质——水，温柔时脉脉含情，一旦发怒，人们便无不清晰地认识到它的凶猛和惨烈！那么，同是液体形态的酒呢？装进杯中，橙黄碧绿，在蒸馏器里，又这般晶莹透亮，点点滴滴，有如山岩上的滴滴清泉。它永远是这么望之目迷心醉、品之芳香四溢，给人以似幻似仙的飘飘然么？

它会不会是另一股狂潮呢？

酒，它并不永远是蒸馏器上的点点滴滴。

乡村的酿酒作坊。现代化的酿酒工厂。

从酒缸和蒸馏器中流出的酒液。

你看，这乡间的酿酒作坊，这现代化的酿酒工厂……夜以继日地把固体的粮山酿造成液态的酒海。

20 世纪 80 年代，中国的酿酒业突飞猛进，短短十年追回了近一个世纪的差距。仅白酒和啤酒两项，年产量已高达一千多万吨，1994 年发展到 2331 万吨，约相当于中国石油产量的五分之二。2011 年已高达 1.2 亿吨（102.56 亿升）了，比上年增长 30.7%。当你望着这乌黑的油浪像江水奔流时，你就完全可以想见 1.2 亿吨的酒浆也差不多是“黄河之水天上来”了。

然而，人们往往只注意大自然对人类造成的灾难，对于酒患，尽管不会房倒屋倾，水泛火燃，但在它貌似平静的涌动中，却孕育着一种危险，引发着一股对正常社会生活的冲击波，产生着触发人的畸形心态的激素，形成一种比水灾更为可怕的祸害！这股酒患的狂潮，不但流遍了全中国，而且泛滥于除阿拉伯之外的全世界。全世界都承受着酒的“洪灾”！

埃菲尔铁塔高耸云端。这里是法国的首都巴黎。

巴黎，灯红酒绿的酒吧间，一群人正在举杯狂饮。

一醉汉在大街上走着，走过凯旋门，举止张狂。几个法国女郎掩耳惊叫，慌张躲避。

瞧这些拿破仑的后裔们，喝得多么带劲。法国人酿造的香槟酒妙不可言。恰恰是这些法兰西的公民被自己酿造的美酒灌得酩酊大醉，或浑浑噩噩，或举止张狂。如水的巴黎女郎像躲避响尾蛇和地震一样，躲避着这些巴黎的酒鬼。

以佛罗伦萨斜塔闻名于世的意大利，不仅只是欧洲文艺复兴的策源地，而且是当今世界上葡萄酒生产居首位的国家。年产葡萄酒七百万吨，同时还是世界上最大的威士忌酒进口国。美酒之多，足以把这块伸入地中海的半岛之地，像飘一只竹筏那样飘浮起来。

飘浮就意味着脚跟不稳。你看这些酒徒，不正是头重脚轻，随时都可能扑倒下去的么？这位意大利公民，另一个身份是酒精神经病患者。与他同病相怜的 6000 多兄弟姐妹，在最近的十年中，已步态蹒跚地走入天国去了。

意大利近十年来，没有发生全国性的水涝大灾，然而，十年来死于酒精肝硬化的患者累计为10万多人，车祸每年死去1万多人，而其中三分之一又是因为酒后开车。

酒后开车，酒后自杀，酒后抢劫，酒后患病……统统是醉酒之后，酒的狂潮每年平均吞噬掉意大利两万多人的宝贵生命。意大利的近邻德国，每年因酒，而不是因自然灾害而断送生命的也远远超过两万人。

公元59年，恺撒大帝翻越阿尔卑斯山，一举征服大半个高卢。当时所率领的也不过是三万人的大军。无怪乎意大利上下惊呼，酗酒比之黑手党人制造了更为惨痛的社会悲剧！

意大利的悲剧若与当今美国比起来，那又要逊色多了。密西西比河，波涛翻滚，一泻千里。

奇怪的是，淹死美国人的并非密西西比河，而是汹汹的酒汛。这股酒的狂潮每年都要淹死数万美国人！

这是美国的圣诞节，到处是欢腾，到处是酒宴。在纽约，圣诞节的庆祝序幕早在著名的感恩节大游行的好戏落幕时就拉开了。

美国前总统汤玛斯·杰弗逊在学生时期就热烈赞美圣诞节是“充满欢笑和盛宴的一天”。每逢12月25号这一日，酒，便把全美国人的欢乐推向了顶峰。这个早期具有浓厚宗教色彩的节日，如今已成为西方、甚至亚洲某些地区一年中最重要的一个节日了。

有人说美国是“西方文明的先驱”。而酒却是美国人生活中不可缺少的刺激剂，全国大约有600多万人，每时每刻都需要杯中之物的襄助，才得以度过。在20世纪50年代，美国人并不把酗酒当成一个社会问题来看待。而今，却成了仅次于艾滋病、吸毒的社会问题，引起越来越多人的关注。

据统计，目前美国一年有1800万人因酗酒而导致严重后果。有的流浪街头、有的丧失生命、有的毁了全家等等。其经济损失也是惊人的。据说，美国一年内因酗酒而造成经济损失达 1170 亿美元。每年，均有 4.6 万人因过量饮酒而遭车祸死亡。全美国，4000 名淹死者中有 70% 是因醉酒而落水死亡的，3 万的自杀案中，有 30% 是因酗酒而造成的。一年里，52.3 万被拘留者中有 1/3 是酒后犯罪。

近些年来，日本因酗酒而引起的急性酒精中毒患者也在不断增加。据统计，1990 年仅东京就有 7461 人因饮酒而导致急性酒精中毒，其中妇女 2112 人，比 1989 年增长了 1807 人。

据印度报纸报道，烧酒中酒精含量极高，狂饮和暴饮已使该国成千上万人中毒身亡。该国双目失明者中，有许多人是过量饮酒所致。

芬兰是一个拥有很深饮酒文化的国家，在日常生活中人们对酒精制品的依赖很强。2013 年 8 月，芬兰社会卫生部在其一份报告中指出，芬兰人嗜酒已成社会问题。尽管国家禁酒规定十分严格，但芬兰人的人人均纯酒精消费量近年来一直在 10 升左右徘徊。由于饮酒过度，2011 年因饮酒造成的死亡人数达 1900 多人。这对一个当时人口还到 540 万的国家来说，已经是一个相当大的数字。

在瑞典，国家有一项“福利制度”，拯救酒精中毒者和善后费用均由国家负担。近十几年来，瑞典酒精中毒者愈来愈多，以致政府用于拯救中毒及赔偿因酒精中毒所造成的损失费用已大大超过了国防开支。据透露，瑞典政府每年的国防开支为 160 亿克朗，而用于拯救酒精中毒者的各项开支合起来竟高达 290 亿克朗。

美洲印第安人初与白人接触，很快就被酒所倾倒。他们往往不惜举土地奴仆以交换一些酒浆。印第安人的衰亡，至少一部分由于他们荒湎于酒。

现在，让我们取道太平洋回到我们自己的家园来吧。

我们的家园，这个有着几千年文明史的古国，在经历艰难的社会变革后，大规模的经济建设在“跨越式发展”的热潮中破立自如，爆发出惊人的能量。有位外国人说得好：中国几乎到处都是工地。但这位外国人很粗心大意地疏忽了一点：中国也几乎到处都是酒宴。

你看，华灯美酒，歌声温柔。“六百岁五粮液”岂止“万世流芳”，时至今日，“红高粱”的“劲风”更是越刮越猛，不知吹醉了多少中国人！

到处灯红酒绿，人们也许找不到大自然的脚步了。据权威部门统计，目前我国饮酒人数已达5亿。其中65.39%饮酒过量；15.2%的青少年在18岁以前饮酒，42.9%的大学生饮酒，57%的人群处于亚健康及其以下水平。而过量饮酒、常年“战斗”在酒场上的已扩充到3.25亿人了，超过美国人口的总数。

在拥有5亿多酒民的中华大地上，酒消费的“备战”与“扩战”，又如何呢？

中国人一哄而上的趋众心态，在酒生产上表现得尤为充分。

据专家们介绍，1984年，贵州省就投资两个亿，兴建了近1000家酒厂。从20世纪80年代起，我国酿酒业可谓遍地开花，在不到十年的时间里得到了高速发展。发展的最高峰是1992年，当年大大小小的酒厂达5万多家，年产各种酒2331万吨，销售总额突破1000亿元。张裕葡萄酒厂还建成了亚洲第一的大酒窖。中国早已跨入世界酿酒工业大国的行列。

赤水河位于川江南岸，流域处在云南、贵州、四川三省的接壤地带，水呈暗红色。赤水河真是名副其实，它的名气，由于长征时红军曾四渡赤水，也由于有了茅台。岂止茅台酒，四川、贵州两省沿赤水河两岸和附近地区，有数不清的酿酒厂。茅台、泸州大曲、郎酒、习水大曲、董酒、鸭溪……一连串闪光的名酒都诞生在赤水河两岸。

赤水河，是中国的美酒河。

这条河流经的四川省，目前已有大大小小的酒厂13502家，年产酒总量高达141.8万吨。如果把一年的川酒全部灌装在500毫升的酒瓶里，这些酒瓶连接起来，可绕地球十几圈！

还有啤酒生产。从1980年以来，我国啤酒产量以每年递增30%的高速度发展，从1980年到1989年，啤酒生产增长了9倍多。1986年以来，我国啤酒增长的速度是整个工业平均增长速度的3倍；到目前为止，我国啤酒厂家已由1929年初200多家发展到现在的近3000多家，形成了2800多万吨的啤酒生产能力，2011年上半年，啤酒产量就超过2350万千升，位居世界第一。

13亿中国人中，就有5亿多人常年“战斗”在酒场上，真是当之无愧的饮酒超级大国了，虽然我们在经济上还是属于第三世界国家。1996年国产酒销量600万吨，约156亿元。同时，由于改革开放国门洞开及大量广告宣传的作用，国人原本不太钟爱的葡萄酒，近些年来也乘风破浪直入国门，在短短时间内便占据国内大片市场，各类高档红酒充斥星级饭店，成为附庸风雅之新贵把玩的新宠。而国内一些企业也看中了这一商机，乘机大量进口国外散酒，在国内安装一条灌装线，便挂一个葡萄酒厂的牌子。一时市场上五花八门，各色洋名洋妆的真假洋酒便一哄而上，充斥了市场、酒吧和饭店。

一时间，无基地的葡萄酒厂和进口洋酒的数量，几乎是以几何型级数增长着。1995年，771吨；1996年，4340吨；1997年，39661吨。其增长比例高得惊人。这一增长级数，到了2010年和2011年进一步升级，开始迈入爆发式增长期，葡萄酒进入金额增幅分别高达76.5%和80.9%。同时中国国产葡萄酒市场销售产值也在稳步增加。2006年至2010年年均增长率达18%左右。国产品牌龙头企业张裕公司年报显示，2011年公司实现销售额60.28亿元，十年内增长了近六倍。有人预测，葡萄酒未来的市场可能与白酒等量齐观，市场容量将达到现有规模的10倍以上。因此，中国葡萄酒市场未来几年将继续保持两位数的增长，到2015年左右，中国将成为仅次于美国的第二大葡萄酒消费国，届时，世界葡萄酒将步入“中国时代”。多么令人骄傲的成就！

其实，这种成就感在1998年就已显露出来。在经济发展刚起步的年代，中国便进口销售洋酒2500吨，大约需要花掉宝贵的外汇40万美元。当年人均收入才480元的中国人，人均饮酒就花去了15元，每年全国城乡居民的酒消费186亿元，如果再加上城乡居民菜肴消费974亿元的话，全国人民当年就吃喝掉1160亿元。这1160亿元就是当时整个上海市国民收入的两倍！可以建几个第一汽车厂；可以用于建设许多投资100万元的科研项目；可以支付全国近三年所需要的教育经费。而5亿多张口足以喝干长江水的。因为酒的原料之一毕竟是水。

酒风之盛行，仅仅是浪费粮食和污染环境么？不，伴随着这种汹涌的"酒潮"而来的种种问题，不仅成为社会舆论焦点问题之一，而且还有心灵深处不够清澈甚至污浊的念想，其产生的不良后果，使社会各界越来越感到头痛和棘手。

且不要说因酗酒造成的酒后杀人、酒后强奸、酒后抢劫、酒后行车等恶性案件和重大事故在急剧增加，在时间就是金钱、时间就是生命的今天，中国人在酒桌上就不知浪费了多少"金钱"、耗费了多少"生命"！你只要在酒馆一落座，就全然切断了时间概念，时间被喝酒喝掉了。有人做过统计，中国人喝酒每天要花十亿小时。

工厂，一群工人在宿舍饮酒，猜拳行令声远播窗外。
农村。乡场上排着一长串桌子。几个醉倒的农民在呕吐。
军营。几个战士在斗酒。
某机关招待所，正在举行丰盛的晚宴，宾主举杯互敬，热闹非凡。
某酒馆。几个身穿警服、头戴大盖帽的警察在打酒仗。
某大学学生宿舍，一群青年学生在行酒令，其中几个已醉倒。

你看，这些人三五一群，猜拳行令，热闹非凡，喝一次酒至少要费去1～2个小时光阴。全国5亿酒民，一年喝酒耗费的时间，简直可用"世纪"来计算！我们已经落后了近1个世纪，还要失去几个世纪？！

许多人因喝醉酒不能来上班，已不是稀奇事了。一位政府部门的干部告诉笔者，每次喝醉酒，他都一连两三天没能去上班，在家中全身疼痛得坐不行，卧又不能，特别是大脑，如一颗打烂的西瓜，全身都是说不清的难过，说不清的麻木……

酗酒，对工作造成的损失，也许没有进行统计。但对生产劳动的影响，国外已有人做过调查。据统计，中等饮酒者，劳动生产力下降4%～5%；滥饮者下降15%～30%。据报道，美国每年因酒丧失三千多万个劳动日，平均每个饮酒者一年损失22个劳动日。日本《读卖新闻》报道，根据厚生劳动省研究班近期公布的一项推测数据显示，日本国民每年因酗酒造成的社会损失高达41483亿日元（约人民币3300亿元）；因饮酒直接减少了21%劳动生产力，对企业带来的损失达19700亿日元。

中国虽没人统计过，然而可以肯定，在饮酒方面，中国人绝对遥遥领先于美国、日本！

最可怕的不是官场、商场的腐败，而是百姓的腐化，全民的思想腐化。从工人到农民，从学生到职员，国人以跟风式消费、攀比式消费等种种过度消费方式，迎合着奢侈文化，烘托出一派别样的繁荣。从而，影响了民众的日常生活甚至价值观，严重污染了社会风气。

2010年3月1日《渤海早报》报道：2010年元宵节，泰顺县在三魁、雅阳、西旸等乡镇举办一年一度的百家宴，摆下了5456桌酒席，宴请八方来客，约55000人同时就餐。

酒，给中国这块古老的土地投下了一片灰色的暗影。消除这艾滋病一般的幽灵，已成了党和政府面临的一个重大课题，因为它关系到整个民族的命运！

有人说，那些国际的危险力量未必是我们的主要敌人，那些曾经给我们带来不幸的人，也未必是我们主要的敌人。我们主要的敌人是我们自己的恶习：自私、自大、虚荣、奢侈、嫉妒、互损、空虚……这一切已侵蚀到我们大众的肌体。

基辛格秘密访问中国第一次喝茅台酒的时候，对周恩来开了一句玩笑：你们中国人生产酒精浓度这么高的液体，居然不是拿去开飞机。

中国是生产烈性酒的世界冠军。而且，中国烈性酒的标准为70度以上，比欧洲烈性酒的浓度高出20度。

国人酷爱酒，但并不懂得酒对人的生命机体的毒害，并不懂得大吃大喝给社会风气带来的污染，并不懂得那些名酒所产生的传奇性故事，并不懂得中国日益减少和退化的耕地很难生产出酿酒的粮食，更不懂这种公款吃喝是产生腐败的温床，一大批官员在酒宴中被腐化了！

文化从低层次而言，包括全部日常生活方式；从高层而言，包括人们的教养和素质。因此，良好的政治理想都与文化有关。一个国家的公民在文化教育和举止习惯上的衰退，比大规模的经济衰退更让人震惊。

西班牙曾是一个富裕的国度。16世纪中叶，他们幸运地成为全世界黄金与白银的集中地。然而他们在财富面前信心膨胀，不能善用财富，不知道让金银变成资本，而是为满足君主的雄心，将黄金与白银制成高端、精致而奇异的消费品，尽情挥霍，大肆消费和吃喝，从而使这个国家丧失了资本主义肇始阶段最重要的发展机遇，迅速走向衰落，最终成为一个极度贫穷的国家。

吃喝、挥霍吃穷了堆满金银的西班牙，难道喝酒不会喝穷一个中国？

“酒色财气”，既支撑着人类的生存和延伸，又片刻不息地残害着人类。而“酒色财气”四大系统中，国人却是以“酒”摆在领头的位置，这颇使人玩味再三。

在这“四大系统”中，后三者是人体生理、生命机能的需要，而“酒”却与人类生死存亡关系不大，唯此是可以免去的。虽然免去后抑或少了某些欢乐，但却更利于人类的健康及生存，利于一个国家的长治久安！

历史和现实表明：中国的耕地充其量只能长出中国人吃饭的粮食，既供应不了每年1.2万吨酒，更供应不了随酒而来的“大吃大喝”的可怕浪费。酒患的耗粮黑洞，已到了非堵不可的时候了！不是为了高唱“反腐败”的赞歌，仅仅为了吃饭活命和生命健康，我们也务必遏制住汹涌在中国大地上的酒汛！

也许人类不应该消灭酒，但是我们完全有必要遏制住酒的狂潮。

人类有信心摆脱“醉”的欲望吗？无论是对医学家还是对政治家来说，都是个沉重的疑问。同样难以回答的另一个问题是，我们到底在多大程度上理解和认识到了遏制酒潮的意义？

自省为了创造，自嘲也是为了创造。遏制酒潮必须站在“反省”的基础上，正如斯多葛哲学派所说，我们应该运用理性思考的能力，来克服消极情感。酗酒已不仅仅是个人问题，它关系到中华民族总体素质提高，关系到大多数中国人家庭的美满幸福，关系到整个社会的安定和谐。人类道德法则与自然法则一样是“绝对规律”，是人类自救的唯一出路。否则，难保大自然不给人的利己和堕落以最后的惩罚。

人毕竟是要有点精神的。正是这种精神才把人与动物截然分开，正是这种精神支撑起人的脊梁在这个世界挺立。让我们恢复对神圣的太阳、月亮、星星的敬畏吧——让我们挚爱每一棵树，每一根草，每一条河流，每一寸土地，每一个有血有肉的生命！

我们今日的落后都是因为过去的不努力，铲除过去的罪孽只是割断已往种下的恶果。我们要收新果，必须努力制造新的基因，让人回归到“你还是人吗”的人本主义思想。

我们不愿意看到我们的后代都成为醉汉，我们更不愿看到苏共亡党的悲剧在我们国家重演！

一个文明国度如果不能正视外部世界,也就一定不能正视自己的历史。在当今世界性的物质远征和精神远征进入高速驰骋的时代,酒已成为对人类、对社会的一种潜在的最大威胁。意大利舆论惊呼:酗酒已成为意大利社会的一种"内伤"和"社会恶剧"。目前,全世界已有四十多个国家开始了遏制酒潮的行动,以珍重自己灵魂的故乡。

美国,早在20世纪20年代,为减少酒精对酗酒者的危害,就颁发了著名的"禁酒令"。政府规定:用公款请客的政府机构或公众组织,禁止用酒。标准的宴请菜单是一汤、一菜配土豆、一甜食、一饮料,外加色拉。

威士忌的故乡英国,则从政府做起,以水代酒便是首相举办的国宴。许多公司宣布禁烟之后,又推出了"无酒区"新招,社交活动或较大场面活动以水代酒正蔚然成风。在以酗酒著称的城市格拉斯哥禁止在大街上和公园内饮酒,违纪者将被处以500英镑(合750美元)的罚款。英国政府还于2007年3月出台政策,建议酒类生产厂家在各类酒的酒瓶上张贴警示标志,提醒孕妇和计划怀孕妇女停止饮酒。2008年,作为全球领先的啤酒酿造商、英博啤酒集团同中国啤酒酿造企业的其他成员一起,参加了4月8日在武汉召开的"理性饮酒"论坛活动,英博集团作为发起成员之一,积极支持啤酒生产健康发展宣言,提倡理性饮酒,做良好企业公民。

节制是一种自信,一种美德,一种更为长久的成长规划。从上世纪末开始,德国、美国、法国也都纷纷开设了"水吧"而不是"酒吧"。美国为帮助人们戒酒,还创办了戒酒学校。

在瑞士,联邦政府主席为招待各国外交使节而举行的国宴,都是三菜一汤,加上一份甜食,而没有酒。

日本从1959年起就成立了"戒酒协会";到1962年已发展为全国性的"全日本戒酒联盟"。据新华社2007年6月23日专电,日本宫内厅22日宣布,明仁天皇的表弟友仁亲王因酗酒被送入医院戒酒。日本经济的高速起飞,正是起于

20世纪开始戒酒的60年代。可见昏头昏脑是产生不了一个经济强国的。

这里是瑞典首都斯德哥尔摩的北郊。

在这座17世纪的古堡周围，另有四十多幢精巧建筑，掩映在葱茏绿树之中，这就是瑞典一家“戒酒戒毒家庭康复中心”。由于瑞典吸毒者三万，而酗酒者却超过三十万。所以这个中心主要是用来戒酒。

在瑞典，各地还设有“戒酒医院”，警察发现醉汉可随时拘留，由警方医官进行神志测验和血液检查后，即强迫送戒酒医院治疗三个月。在瑞典人看来，一个家庭哪怕只有一个酒鬼，那么这个家庭便不再是健康的。“戒酒康复中心”目的就在于拯救每个家庭，进而拯救整个国家。

阿尔及利亚是葡萄酒主要生产国之一，各色葡萄酒畅销八十多个国家和地区。但这里的商店不卖酒，家庭不饮酒，工人也没有尝过酒的滋味。阿尔及利亚是伊斯兰教国家，该教认为酒有害于人，所以教规明文规定：教民严禁用酒。

在印度，面对男人们贪杯暴饮和酗酒成风，妇女们终于忍无可忍，自发联合起来，于1993年6月掀起一场全国性的抗酒风潮。这场风潮起源于安得拉邦的一个名叫杜拜甘塔的乡村，该乡妇女一齐出动，聚集在一家酒店门口，抗议该店向她们的丈夫出售烈性烧酒。妇女们愤怒地把酒瓶砸碎，把烧酒倒入大火中焚烧，并把这家酒店彻底捣毁。不到几个月，该邦200多个乡的240家酒店全部被迫关门，这场风潮很快波及其他几个邦，并促使邦政府下发禁酒令。

这是法新社的一则报道：一位年轻小伙子在美国康狄格州奥兰治被逮捕。因为他在一家酒馆开始饮酒时恰好还差四十五分钟才到他可以饮酒的合法年龄二十一岁。

英国首相布莱尔的儿子喝酒时离法定时间还差四小时，被警察发现后，同样被依法拘禁。

除了颁布禁酒令，许多国家还制定了严厉惩戒酒后开车的措施。如英国，一经发现酒后开车，即判刑一年，外加1000英镑罚款；美国醉酒驾驶，初犯吊销驾照1年，处以250～400美元罚金，并入狱6个月，重犯则罚款加倍，吊销驾照2年，入狱1年。日本醉驾处以最高5年监禁和100万日元（相当于79428元人民币）的罚款，还要追究“车辆提供罪”“酒水提供罪”“同乘罪”；马来西亚，酒后开车判刑时，已婚者配偶连坐；南非初犯罚款10万美元，重犯则判10年徒刑；西班牙判处6个月以上6年以下有期徒刑；澳大利亚除判刑外，还要登报公布；保加利亚酒后开车再犯者处以死刑；伊拉克对酒后开车者，被判吊死；萨尔瓦多最严厉，只要发现酒后驾车者，立即就地枪决。

在我国，从最近陕西石鼓山贵族墓葬出土的“禁”显示，早在三千多年前的西周时期，就出现了倡导“适度饮酒”的“禁酒器”，旨在限制饮酒，尤其是历代有识之士都曾对酒进行过贬责。有论酗酒以警言的；有作“酒箴”谏皇帝老爷戒酒的；还有下“酒诰”训教臣子禁酒的。“酒池肉林”，这个由殷纣王荒淫无度引出的典故，成了后世描绘穷奢极欲的代名词；“酒囊饭袋”，是人们对昏聩无用之人的画像；“酒色财气”“贪酒”则被列为“四戒”之首。

放纵的结果只能是收敛；挥酒的结果只能是惩罚，就连皇帝也不例外。所以，“周革殷命”后，周王便发布禁酒命令，如有群饮，于法当斩。尤其是自汉初萧何制定法律禁酒以后，历代王朝为治安或为节粮，大都颁有禁酒法令。曹操因从严治军而禁酒，甚至杀了多次反对禁酒的孔融。

魏晋南北朝期间都实行过禁酒；隋唐初期也曾禁酒；明朝朱元璋不仅颁发了禁酒令，而且以身作则，躬行节俭；清圣祖康熙二十八年下过禁酒令；清高宗乾隆皇帝颁行的禁酒令引发了廷臣及督抚的广泛讨论，并且确立了相当严厉广泛的禁酒制度。群臣之间如此大规模地论证和实施禁酒之政，在清朝和整个中国历史上，都是空前的。

乾隆的禁酒令与他极为重视的爱民执政理念相关。乾隆初年，直隶、山东旱灾乏食，高宗首次下旨将禁酒由临时之策逐年转为常年之法。此后数年，皇帝与廷臣督抚不断讨论，对禁酒令做了很大改变。所禁之物从烧锅到酒曲，后来还包括了南方的其他酒种。其范围从受灾之地逐渐扩展到全国各地。其性质由国家颁谕的法令，逐渐转为地方官政之内容。高宗在即位后数年间不断坚持推行禁酒令，不仅树立了“新君形象”，也为加强君主统治权威，迎来“乾隆盛世”起到重要作用。

否定的价值正是希望。英国哲学家培根曾说：“如果你从肯定开始，必将以问题告终；如果你从问题开始，必将以肯定结束。”人类对酒害认识的历程，尽管有些沉重，但它终是朝着前方的。2006 年 1 月 1 日，我国商务部颁布的《酒类流通管理办法》正式实施，其中第 19 条规定：酒类经营者不得向未成年人出售酒类商品，并应在经营场所明确禁售标识。第 30 条规定：有违反未成年人“禁酒令”规定的，由商务主管部门或会同有关部门予以警告，情节严重的，处以 2000 元以下罚款。同年 9 月，公安部公布实施《公安机关办理行政案件程序规定》，对行为举止失控的醉酒人，可以使用约束带或者警绳等进行约束……

2001 年，在我国河北省石家庄市成立了首家“嗜酒者互诫协会”。该协会通过河北医科大学第一医院大学第一医院精神卫生中心，组织嗜酒者与医护人员和家属聚在一起听讲座，搞联欢，帮助嗜酒者戒酒。

2008 年，中国人民解放军空军部队下发施行了《空军部队从严控制饮酒的规定》，成为全军最早颁布“禁酒令”的大单位。

由珍爱生命出发，我国又于 2010 年开始全面严查醉驾。在这一年的 6 月 25 日和 7 月 10 日，开展了全国性集中统一行动，对酒后驾驶等交通违法行为进行严格查处。2011 年 5 月 1 日颁布实施的《刑法修正案（八）》和修改后的《道路交通安全法》正式将醉酒驾驶定为“危险驾驶罪”，将受到严惩。“醉驾入刑”的执行，已把“公信力”铭刻在法治利剑上。凡醉驾者，除依法追究刑事责任外，还得处以 5000 元罚款，吊销驾驶执照，5 年内不得重新取得机动车驾驶证；因醉驾发生重大交通事故者，依法追究刑事责任，吊销驾驶执照，终生不得重新取得机动车驾驶证。

二十几年前，流行歌手呐喊着："是我们改变了世界？还是世界改变了我和你？"

就在前不久，摇滚歌星感叹着："不是我不明白，是这个世界变得太快。"

我们这个时代的一个基本事实被他们表达了：这个世界如白云苍狗，总在不停地变化。

面对变化无所不在的世界，我们必须清醒：俄罗斯人喝得半醉就造不出一把好铲子，难道我们能凭靠5亿酒徒走向现代化吗？

中华民族早已爬出历史幽暗的隧道，走到了洒满阳光的地带。这个世界的变化将给我们带来许多新的希望。就像一个夜行人，前方遥遥迢迢的灯火也许永远无法企及，但这灯火毕竟给在黑暗中的他以希望以力量，使他坚定自己的信念和脚步，而不至于半途摔倒、绝望而毙。

新的希望已经起航，新的希望开始照亮现实。2012年12月，十八届中央委员会出台了《八项规定》《六项禁令》，在"吃喝"上刮起了一股"勤俭节约，反对奢侈浪费"的政坛清风，神州骤起肃贪廉政大潮。它不仅在党员中激起了强烈反响，而且吹响了促使人们对照检查、深刻反思的动员令。

"善禁者，先禁其身而后人。"八项规定一出台，就引起公众强烈关注，其亮点就是中央领导率先垂范。习近平总书记赴河北农村考察吃"四菜一汤"，倡导餐桌上的新风气，在全国上下赢得一片掌声。

政策"寒流"迅速引发相关部门、行业的连锁反应。12月下旬，中央军委下发了《加强自身作风建设十项规定》，要求在接待工作中不安排宴请，不允许喝酒等。"禁酒令"一出，许多接待餐上茶杯代替了酒杯，家常菜代替了高档菜肴。以"禁酒令"为契机，转变作风在许多部队蔚然成风。"禁酒令"已成为中国军队从严治军的新抓手。

2013年1月22日,习近平总书记在十八届中纪委二次全会上发表了重要讲话,传递出反腐倡廉新信号,提出要更加科学有效地防治腐败,做到有腐必反,有贪必肃,坚持“老虎”和“苍蝇”一起打,决不允许“上有政策,下有对策”,要以踏石留印,抓铁有痕的劲头抓下去,把权力关进制度的笼子里,和公款吃喝打持久战!从东北地区到西南地区,从高原边陲到江南水乡……习近平的讲话风劲弓鸣,带来了遏歪风、倡新风的强烈反响。党政机关严审三公支出,力禁奢侈浪费,联谊不搞了,年会取消了,宴会没有了,各地高档酒楼出现了餐饮退订热,宁夏政协会议注重精神食粮,没有烟酒,本地委员不安排住宿,众多干部为“可以回家吃饭”叫好。

2013年1月下旬,北京一群因参加某培训而结缘的中青年通过网络,发起了“吃光盘中餐,今日不剩饭”的“光盘行动”,引起强烈反响,《人民日报》微博22日加入“光盘行动”,倡议网民“拒绝浪费、珍惜粮食”。加上新华网、光明网等媒体以及公众人物的关注和转载,这一活动迅速升温,从发起日到1月24日,微博上被转发约5000万次。活动参与者在北京实地发放宣传单6万多份,在餐饮企业张贴海报5000余张,将这场公益行动迅速推向舆论高潮。

“光盘行动”受到社会各界广泛响应,唤醒了每个人心灵深处那些最圣洁的记忆。1月24日,北京餐饮行业协会、北京烹饪协会、北京西餐业协会向全国餐饮行业发出厉行节约,反对浪费倡议书。全聚德集团、华天饮食集团、呷哺呷酒、嘉和一品、眉州东坡、湘鄂情、旺顺阁和汉拿山等10家大型连锁餐饮企业积极响应。首批响应的10家餐饮企业涉及749个门店。

从“光盘行动”开始,珍惜身边每一件事物。24日下午,中国烹饪协会组织召开了餐饮业“反对铺张浪费,倡导文明节约就餐”研究会,20多家著名餐饮企业代表做了发言,提出禁酒、反浪费要善于把传统文化中的优秀部分,与当今世界普遍适用的行为准则进行有机结合,并融入国民意识,以形成崭新的健康向上的“新国民性”,聚集“正能量”。

“舌尖腐败”禁令持续发酵,成了不可阻挡的黑夜里的光,让每个人的眼神重新纯净起来,心中有憧憬、有热量、永不迷失,驱走黑暗中笼罩生命的痛,回归安宁,拥有梦想。

曾经富裕、移民众多、备受自然宠爱的阿根廷,由于贵族与大农场主文化的根深蒂固。一些庄园贵族关起门来,在南美过着优雅的欧洲生活,从来没有让任何一个普通人真正拥有一个阿根廷的梦,而美国让所有的人(包括移民)都拥有一个“美国梦”。从而,导致截然不同的结果:一个衰退,一个强盛。

古往今来,中华民族一直没有停止过追寻梦想的脚步,“实现中华民族伟大复兴”这一梦想,需要凝聚起亿万人的力量,激发出亿万人的热情,需要遏制眼下这股泛滥在中华大地的酒潮,这不仅仅是康复百万个家庭,也不仅仅是重新恢复我们的廉洁之风,而是要改造我们的国民性,拯救我们脚下的这块土地!

我们脚下这块土地有百功而无一罪,它不应当沉沦。

我们脚下这块土地相当古老,它祈望焕发青春。我们能帮助它的只有一点,让它休养生息,减轻它身上的重负。

土地不像天空,它可以借助雷声呐喊,但是沉默的土地暴怒起来,就是火山。

两千多年前繁盛一时的楼兰古国,以太多的人口和大肆消费破坏了自己的生存环境,从而毁灭了自己的文明,变成了生命的禁区。

土地贫瘠,人口众多,大吃大喝,文明衰落。

加速这种贫困的是愚昧,是酒文化的变异、民族文化的贫穷。

一个民族,一个国家,再也没有比没有土地没有文化更为贫困的了!

国强才有文化大国,国不强则只有文化古国而已。

人类的不幸要靠人类自己去救治,不敢正视不幸的人,就永远不能救治自己。

一个不会行走在斑马线上的民族便无法行走在世界的前列。文明是一切昌盛的前提。

猴子醉酒才招来猴子的悲剧，中国必须在与其自身醉态的拼杀中，走出猴子的悲剧。

这是无可避免的选择，伴随的将是无可避免地崛起！历史深沉地凝视着。

2013 年 2 月 16 日第 2 稿

2013 年 7 月 21 日第 3 稿

/后记

几年前的一个仲秋季节，我应中国未来研究会的邀请，出席了全国在吴承恩故乡——淮安召开的《西游记》超前意识理论研讨会。会议期间，北京的一位朋友约我撰写一部关于“酒与健康”的电视专题片，意在通过心灵感应，去疗治和拯救那些因酒精中毒而精神失常的患者。

我知道：这种对心灵疗治的探索，是人类至今未能解决的难题。但我还是答应试一试。会议结束后，我去了趟北京，收集了一些有关酒的资料，拜访了几位有名望的医学专家，并与在内蒙古一家精神病院负责的朋友进行了联系，商定由我负责剧本创作，由内蒙古方面负责筹资拍摄事宜。那是个雨意空蒙的秋天，我从北京回来找到了现在广东工作的李景文先生，邀请他参与合作。李景文先生是著名的剧作家，也是我的挚友。我渴望和他进行心灵的交流，他慨然以允，并以剧作家的激情和哲人的睿智，与我情切意浓地进行了交谈。激情本是一种迷狂。在许多新鲜的话题尚未来得及深究时，我便匆匆踏上了采访及搜集资料之路。随后，我便抱着采访手记和典籍一步步走进历史和现实的纵深。在这里，我发现，人类历史的发展，被无数可见和不可见的纽带而与宇宙的普遍秩序紧密联系着。而酒，在历史的链条上却起着某种制约作用。因此，就人类的责任而言，不仅仅要疗治那些因饮酒导致精神失常者的心灵，而更重要的是要疗治整个人类自身被“酒”异化的心态。基于这种思考，我打破了原来的创作意图，把“酒”的命题延伸到家庭、社会和整个人类。思路确定之后，我蜷缩在五尺斗室里，将感情的凝聚点寄托于“酒”。我认为，在人类的精神世界，没有什么比“酒”走向人的心灵更加直接与淋漓了。面对的白纸将演变出什么，当时连我自己也始料不及。毫无疑问，对酒的起源，酒的酿造，酒的品种，以及酒在历史、政治、文化、经济、科技等领域所起的作用和产生的影响，我难以做出全面的阐述与正确评价，自揣无此学力。对此，我只想在力所能及的并自以为有些了解的范围之内，探索我自己认为值得探索的问题，且充其量只是对常识的复述。我知道，未经个人心智过滤的文字算不得文学作品，从这个角度讲，《酒汛》只是依据大量的资料写作，与纯正文学作品还有一定距离。在写作过程中，我发现自己那点常识实在可怜。阅读越多，就发现自己不知道的越多，即使是刚逝去的岁月，也显得深不可测。

文稿完成后，我曾寄给几家出版社、杂志社和电视台，但都由于种种原因而搁浅于沙滩。

几年匆匆光阴，我不能预知山穷水尽之后，就一定是柳暗花明……2012 年秋，党的十八大召开前夕，我在政界的一位朋友认为当下是出版《酒汛》的好时机，鼓励我把稿子发出去。于是，我把文稿发给了我在江西作家协会工作的一个朋友——江子。江子很快把文稿转发给江西人民出版社王醴颉编辑。两天后，我接到了王醴颉打来的电话，表明了她对《酒汛》的共识。这对我来说，远比发表一部作品带来的愉悦重要。这时候，正值十八大召开后的早春二月。

随后，王醴颉编辑提出了修改意见，我开始忙于改稿，此时春节已经来临。在辞旧岁的鞭炮声中，我感到人间烟火竟是一派苍茫，咫尺间琐碎人事中竟有个浩浩天涯，笔端的千言万语只是为了化解那孤独遮掩的沉默。

我很庆幸江子让我认识了王醴颉，她的许多修改意见与批注，提示我在任何时候，文人都应努力以自己的方式说自己的话，即使在引用资料时，也要尽量避免用“新闻”语言写作。还有诸兢先生为本书写的序言，也给了我很大的鼓励。

当我完成最后一稿的时候，已是仲夏季节。我站在窗前，默默地朝夜空眺望，窗外，不时有一阵阵哭声、笑声飘到我耳边来，我知道这是邻居在收看电视。在这样的时刻，沉溺于孤独中的我，常常会想起我那些曾经关心过、支持过《酒汛》出版的朋友。在此，就让我说一声“谢谢”吧。因为此时此刻，我心里想到的只有这么一句话。

段文华

2013 年 7 月 21 日于巴山镇

图书在版编目(CIP)数据

酒汛 / 段文华著.—南昌:江西人民出版社,2014.1
ISBN 978-7-210-05954-7

Ⅰ.①酒… Ⅱ.①段… Ⅲ.①酒-文化-世界 Ⅳ.①TS971

中国版本图书馆 CIP 数据核字(2013)第 114938 号

酒汛
段文华著
策划:王醴頔
责任编辑:王醴頔
封面设计:同异文化传媒
出版:江西人民出版社
发行:各地新华书店
地址:江西省南昌市三经路 47 号附 1 号
编辑部电话:0791-86898983
发行部电话:0791-86898893
邮编:330006
网址:www.jxpph.com
E-mail:380962900@qq.com web@jxpph.com
2014 年 1 月第 1 版 2014 年 1 月第 1 次印刷
开本:787 × 1092 毫米 1/16
印张:13.75
字数:200 千字
ISBN 978-7-210-05954-7
赣版权登字—01—2013—171

定价:29.80元
承印厂:南昌市红星印刷有限公司